Konfuzius

Gespräche
(Lun-yu)

Aus dem Chinesischen übersetzt und herausgegeben
von Ralf Moritz

Reclam

RECLAMS UNIVERSAL-BIBLIOTHEK Nr. 11110
Alle Rechte vorbehalten
© 1982, 2017 Philipp Reclam jun. GmbH & Co. KG, Stuttgart
Umschlaggestaltung: ZERO MEDIA GmbH, München
Umschlagabbildung: FinePic®, München
Satz und Druck: Reclam, Ditzingen
Buchbinderische Verarbeitung: Kösel, Krugzell
Printed in Germany 2017
RECLAM, UNIVERSAL-BIBLIOTHEK und
RECLAMS UNIVERSAL-BIBLIOTHEK sind eingetragene Marken
der Philipp Reclam jun. GmbH & Co. KG, Stuttgart
ISBN 978-3-15-011110-9
www.reclam.de

Gespräche
(Lun-yu)

Kapitel I

1,1 Konfuzius sprach: »Etwas lernen und sich immer wieder darin üben[1] – schafft das nicht auch Befriedigung?

Und wenn von fernher Gleichgesinnte kommen – ist das nicht auch ein Grund zur Freude?

Von den Menschen verkannt zu werden, ohne dabei Verbitterung zu spüren – ist das nicht auch eine Eigenschaft des Edlen?«

1,2 You-zi [ein Schüler des Konfuzius[2]] sprach: »Es gibt selten Menschen, die ihren Eltern mit Ehrfurcht, ihren älteren Brüdern mit Achtung begegnen[3] und die trotzdem gegen die Obrigkeit rebellieren wollen.

Das aber hat es noch nie gegeben: daß einer, der die Rebellion gegen die Obrigkeit nicht will, dennoch Aufruhr und Unordnung stiftet.

Dem Edlen geht es stets vor allem darum, dem Leben einen festen Grund zu geben. Ist der Grund gefestigt, eröffnet sich der rechte Weg.

Ehrfurcht gegenüber den Eltern und Achtung gegenüber den älteren Brüdern – das sind die Wurzeln der Sittlichkeit.«[4]

1,3 Konfuzius sprach: »Glatte Worte und heuchlerische Miene – da ist es mit einem guten Charakter[5] meist nicht weit her.«

I,4 Zeng-zi [ein Schüler des Konfuzius[6]] sprach: »Täglich prüfe ich mich in dreierlei Hinsicht: War ich anderen gegenüber treu und zuverlässig? War ich aufrichtig im Umgang mit Freunden? Habe ich geübt, was ich gelernt habe?«

I,5 Konfuzius sprach: »Wer einen Staat von tausend Kriegswagen[7] regiert, der muß bei allem, was er tut, korrekt und gewissenhaft sein.

Er muß maßhalten können und die Menschen lieben.

Seine Forderungen an das Volk dürfen nicht willkürlich sein.«

I,6 Konfuzius sprach: »Ein junger Mensch soll in der Familie ehrfürchtig und gehorsam gegenüber seinen Eltern sein. Außer Haus begegne er den Menschen so, wie sich ein jüngerer Bruder gegenüber seinem älteren Bruder verhält, mit Achtung und Aufrichtigkeit; er sei durchdrungen von Liebe zu allen und eng mit dem Guten verbunden.[8]

Wenn ihm bei all dem noch Kraft bleibt, dann soll er sich den Büchern widmen.«

I,7 [Der Schüler] Zi-xia sprach: »Wer auf Charakter, Tugend und Weisheit Wert legt, nicht aber auf Äußerlichkeiten,

wer immer für seine Eltern da ist und mit Hingabe seinem Herrscher dient,

wer im Umgang mit seinen Freunden immer aufrichtig ist –

von einem solchen Menschen sage ich, daß er Bildung hat, auch wenn andere dies bestreiten.«

I,8 Konfuzius sprach: »Verhält sich der Edle nicht ernst und würdevoll, dann genießt er keine Achtung. Ist er auch gebildet, so ist aber seine Bildung noch nicht solide.[9]

Sei immer treu, zuverlässig und aufrichtig. Hab keine Freunde, die deiner nicht würdig sind.

Wenn du Fehler gemacht hast, dann scheue dich nicht, sie zu korrigieren.«

I,9 Zeng-zi sprach: »Verhalten sich die Menschen beim Tode ihrer Eltern korrekt, wie es das Ritual vorschreibt, und folgen sie dem Weg der Ahnen, dann festigt sich die Moral des Volkes wieder.«

I,10 Zi-qin fragte Zi-gong[10]: »Wenn der Meister in einen Staat kommt, dann will er erfahren, wie dort regiert wird. Fragt er danach, oder berichtet man ihm von selbst darüber?«

Zi-gong antwortete: »Der Meister ist freundlich, gutmütig, höflich, zurückhaltend und nachgiebig. Bei einer solchen Haltung gewährt man ihm Einblick. Unterscheidet er sich darin nicht von anderen Menschen?«

I,11 Konfuzius sprach: »Zu Lebzeiten des Vaters folge seinem Willen;

nach dem Tode des Vaters orientiere dich an seinen Taten.

Wenn du lange Zeit nicht vom Weg des Vaters abweichst, kann man sagen, daß du dich ehrfürchtig und pietätvoll verhältst.«

I,12 You-zi sprach: »Bei der Anwendung der Riten, bei der Beachtung der Umgangsformen[11] lege man vor allem Wert auf Harmonie.

Der Weg der früheren Könige zeichnete sich dadurch aus, daß sie in den großen wie in den kleinen Dingen des Lebens so handelten. Strebt man in Anbetracht von Schwierigkeiten nach Harmonie, weil man um deren Wert weiß, so ist dieses Ziel nur erreichbar, wenn man sein Handeln den Riten und Zeremonien, den allgemeinen Formen anständigen Umgangs, unterwirft.«[12]

I,13 You-zi sprach: »Wer darauf aus ist, seine Pflichten getreulich zu erfüllen, der soll auch halten, was er verspricht. Wer darauf bedacht ist, die allgemeinen Regeln des Umgangs und Anstands einzuhalten, wird Schmach und Schande vermeiden. Stütze dich auf jene, die dir immer nahestehen werden, dann hast du einen zuverlässigen Halt.«

I,14 Konfuzius sprach: »Der Edle hält maß im Essen, strebt nicht nach Bequemlichkeit im Wohnen;
er handelt klug und redet mit Bedacht.
Er richtet sich an jenen aus, die den rechten Weg gehen.
Von einem solchen Menschen kann man sagen, daß er danach strebt zu lernen.«

I,15 [Der Schüler] Zi-gong sprach: »Was ist davon zu halten, wenn ein Armer nicht würdelos schmeichelt und ein Reicher nicht hochmütig ist?«
Der Meister meinte: »Das ist ganz gut. Aber besser ist es, arm zu sein und doch fröhlich,[13] oder reich zu sein und doch die guten Sitten, die Regeln des Anstands und der Höflichkeit, zu lieben.«
Zi-gong sagte: »Im ›Buch der Lieder‹[14] heißt es:

> ›Wie bei Elfenbein oder Edelstein –
> man muß schneiden und polieren,
> man muß schleifen und glätten.‹[15]

Was Ihr gesagt habt, hat wohl diese Bedeutung?«
Der Meister antwortete: »Zi-gong, mit dir kann man jetzt anfangen, über das ›Buch der Lieder‹ zu sprechen. Ich gab dir nur einen Hinweis, und du hast gleich gewußt, worum es geht.«

I,16 Konfuzius sprach: »Es betrübt mich nicht, wenn mich die Menschen nicht kennen, aber es betrübt mich, wenn ich die Menschen nicht kenne.«

Kapitel II

II,1 Konfuzius sprach: »Wer nach sittlichen Grundsätzen regiert, gleicht dem Polarstern;
er behält seinen Platz, und die anderen Sterne umkreisen ihn.«

II,2 Konfuzius sprach: »Das ›Buch der Lieder‹ enthält dreihundert Stücke. Will man darüber mit einem Satz urteilen, so kann man sagen: Hieraus spricht kein böses, verderbtes Denken.«[16]

II,3 Konfuzius sprach: »Will man Gehorsam durch Gesetze und Ordnung durch Strafe, dann wird sich das Volk den Gesetzen und Strafen zu entziehen versuchen und alle Skrupel verlieren.
Wird hingegen nach sittlichen Grundsätzen regiert und die Ordnung durch Beachtung der Riten und der gewohnten Formen des Umgangs erreicht, so hat das Volk nicht nur Skrupel, sondern es wird auch aus Überzeugung folgen.«

II,4 Konfuzius sprach: »Als ich fünfzehn war, war mein ganzer Wille aufs Lernen ausgerichtet.

Mit dreißig Jahren stand ich fest.

Mit vierzig hatte ich keine Zweifel mehr.

Mit fünfzig kannte ich den Willen des Himmels.

Als ich sechzig war, hatte ich ein feines Gehör, um das Gute und das Böse, das Wahre und das Falsche herauszuhören.

Mit siebzig konnte ich den Wünschen meines Herzens folgen, ohne das Maß zu überschreiten.«

II,5 Meng Yi-zi[17] fragte den Meister, wie man sich zu seinen Eltern verhalten soll.

Konfuzius antwortete: »Man soll die Regeln der Achtung und des Gehorsams nicht verletzen.«

Als der Meister dann mit [dem Schüler] Fan Chi unterwegs war und dieser den Wagen lenkte, sprach er: »Meng Sun [Meng Yi-zi] fragte mich, wie man sich zu seinen Eltern verhalten solle. Ich habe geantwortet: ›Man soll die Regeln der Achtung und des Gehorsams nicht verletzen.‹«

Fan Chi fragte daraufhin: »Was bedeutet das?«

Der Meister erwiderte: »Zu Lebzeiten der Eltern soll man ihnen so dienen, wie es sich ziemt. Wenn sie gestorben sind, soll man sie dem Ritual gemäß bestatten und ihnen entsprechend Opfer darbringen.«[18]

II,6 Meng Wu-bo[19] fragte, welche Pflichten man gegenüber seinen Eltern habe.

Konfuzius antwortete: »Man soll sich so verhalten, daß die Eltern nur dann Sorgen um die Kinder haben müssen, wenn sie krank sind.«

II,7 [Der Schüler] Zi-you fragte, wie man sich gegenüber seinen Eltern verhalten solle.

Konfuzius antwortete: »Was man heute im allgemeinen unter Erfüllung der Pflichten gegenüber den Eltern versteht, ist die Sorge um deren Unterhalt.

Doch die Menschen füttern auch ihre Hunde und Pferde.

Wenn man gegenüber den Eltern keine Ehrfurcht hat – welcher Unterschied besteht dann zwischen der Sorge um den Unterhalt der Eltern und der Aufzucht von Hunden und Pferden?«

II,8 [Der Schüler] Zi-xia fragte, wie man sich gegenüber seinen Eltern verhalten solle.

Konfuzius antwortete: »Sich richtig zu benehmen, stets höflich zu sein und dabei eine frohe Miene zu zeigen – das ist es, was meistens so schwerfällt.

Aber ist es etwa schon Ehrerbietung, wenn die Kinder ihren Eltern Arbeit und Mühen abnehmen und ihnen Wein und Speisen vorsetzen?«

II,9 Konfuzius sprach: »Ich unterhielt mich einen ganzen Tag mit Hui[20]. Er hat mir dabei in nichts widersprochen – als wäre er ein Dummkopf. Nachdem er gegangen war, prüfte er sich selbst und war schließlich imstande, das zu tun, was ich ihn gelehrt hatte. Hui ist durchaus kein Dummkopf.«

II,10 Konfuzius sprach: »Sieh, welche Mittel ein Mensch verwendet, um seine Ziele zu erreichen;

betrachte die Beweggründe, die sein Handeln bestimmen;

prüfe, worin seine Seele Ruhe findet und was ihn be-
wegt.
Wie kann ein Mensch da noch sein Wesen verbergen?
Wie kann ein Mensch da noch sein Wesen verbergen?«

II,11 Konfuzius sprach: »Wer Altes bewahrt und zugleich neues Wissen und neue Erfahrungen zu gewinnen
vermag, der kann den Menschen Lehrer und Vorbild
sein.«

II,12 Konfuzius sprach: »Der Edle läßt sich nicht wie
ein Werkzeug behandeln.«

II,13 Zi-gong fragte, was einen Edlen ausmache.
Der Meister antwortete: »Erst handelt er, wie er
denkt. Dann spricht er, wie er handelt.«

II,14 Konfuzius sprach: »Der Edle verhält sich zu allen
gleich, der Gemeine hingegen liebt Kumpanei und Cli-
quenwirtschaft.«[21]

II,15 Konfuzius sprach: »Lernen ohne zu denken – das
ist nutzlos.
Denken, ohne etwas gelernt zu haben – das ist ver-
derblich.«

II,16 Konfuzius sprach: »Sich mit Irrlehren zu beschäftigen schadet nur.«

II,17 Konfuzius sprach: »Zi-lu, ich lehre dich das rich-
tige Verhältnis zum Wissen!
Sei dir bewußt, was du weißt.
Was du hingegen nicht weißt, das gib zu.
Das ist das richtige Verhältnis zum Wissen.«

II,18 [Der Schüler] Zi-zhang wollte lernen, um Beamter zu werden.

Der Meister sagte: »Höre viel, halte dich zurück, wenn dir Zweifel kommen, und wähle im übrigen deine Worte mit Bedacht, dann wird es wenig Tadel geben.

Sieh viel, vermeide, was gefährlich ist, und handele im übrigen umsichtig und bedacht,

dann wirst du wenig zu bereuen haben.

Wer beim Reden wenig Anlaß zum Tadel gibt und im Handeln wenig Anlaß zur Reue hat, der kann bestimmt ein öffentliches Amt erhalten.«

II,19 Ai-gong[22] [Herrscher von Lu] fragte: »Was muß man tun, damit das Volk gehorcht?«

Konfuzius antwortete: »Wenn man die Aufrechten fördert und sie den Unehrlichen vorzieht, dann wird das Volk gehorchen. Wenn man dagegen die Unehrlichen fördert und sie den Aufrechten vorzieht, dann wird das Volk nicht gehorchen.«

II,20 Ji Kang-zi[23] fragte: »Wie kann man erreichen, daß das Volk ehrerbietig und ergeben ist und sich die Menschen gegenseitig zum Guten ermahnen?«

Der Meister antwortete: »Seid gegenüber dem Volk ernst und würdevoll, dann wird es auch Achtung und Ehrerbietung zeigen. Wenn Ihr selbst dafür ein Beispiel gebt, dann wird Euch auch das Volk ergeben sein.

Fördert jene, die es wert sind, und unterweist die, die nichts können.

Dann werden sich die Menschen gegenseitig zum Guten ermahnen.«

II,21 Es fragte einer Konfuzius: »Warum bist du nicht an der Regierung beteiligt?«

Der Meister antwortete: »Im ›Buch der Urkunden‹[24] heißt es: ›Habt Ehrfurcht vor den Eltern! Ehrfurcht vor den Eltern und brüderliche Zuneigung – diese Tugenden wirken in der Politik.‹ Sie zu pflegen heißt auch, an der Ordnung von Staat und Gesellschaft mitzuwirken. Warum muß man dazu unbedingt Beamter sein?«

II,22 Konfuzius sprach: »Ich kann nicht verstehen, wie ein Mensch ohne Aufrichtigkeit sein kann.

Das ist, als wäre die Deichsel eines Wagens ohne Querstange für das Anspannen der Zugtiere. Wie könnte sich ein solcher Wagen überhaupt fortbewegen?«

II,23 Zi-zhang fragte: »Kann man wissen, was nach zehn Generationen sein wird?«

Konfuzius antwortete: »Die Yin-Dynastie[25] folgte der Xia-Dynastie[26], ihren Sitten und ihrer Ordnung.

Was sie davon verworfen und was sie hinzugefügt hat, weiß man noch. Die Zhou-Dynastie[27] folgte der Yin-Dynastie, deren Sitten und deren Ordnung.

Was sie davon verworfen und was sie hinzugefügt hat, ist ebenfalls bekannt.

Mögen den Zhou auch noch andere folgen, man kann voraussehen, was sein wird, und wenn es sich um eine Spanne von hundert Zeitaltern handelt.«[28]

II,24 Konfuzius sprach: »Wer Geistern opfert, die nicht die der eigenen Ahnen sind, ist ein Schmeichler.

Wer seine Pflicht kennt, sich ihr aber entzieht, ist ein Feigling.«

Kapitel III

III,1 Konfuzius sagte vom Haupt der Familie Ji: »Er hält sich acht Gruppen für rituelle Tänze und Musik.

Wenn er das fertigbringt, was ist ihm dann nicht zuzutrauen?«[29]

III,2 Die drei Adelsgeschlechter des Staates Lu ließen am Schluß ihres Ahnenopfers – sich Rechte des Zhou-Herrschers anmaßend – die Yong-Ode erklingen.

Dazu meinte Konfuzius: »In der Yong-Ode heißt es: ›Umgeben von Fürsten leitet der Sohn des Himmels – der Herrscher der Zhou – ernst und feierlich die Opferzeremonie.‹

Was sollen diese Worte in der Ahnenhalle der drei Familien?«

III,3 Konfuzius sprach: »Wer seine Pflichten gegenüber den Menschen nicht kennt, wie kann der die Riten und Umgangsformen einhalten?

Wer seine Pflichten gegenüber den Menschen nicht kennt – wie kann der die Musik verstehen?«[30]

III,4 Lin Fang[31] fragte nach den Regeln feierlicher Bräuche und Zeremonien.

Konfuzius antwortete: »Das ist eine wichtige Frage. Die Zeremonien sollten eher schlicht als prunkvoll sein.

Bei einem Begräbnis ist die Trauer wichtiger als die minutiöse Beachtung der zeremoniellen Regeln.«

III,5 Konfuzius sprach: »Wenn auch die Barbaren Herrscher haben – sie sind selbst dann nicht unserem großen Reich vergleichbar, wenn es ohne Herrscher ist.«

III,6 Das Haupt der Familie Ji wollte – sich das Recht des Zhou-Herrschers anmaßend – dem Geist des Tai-Berges[32] Opfer darbringen.

Der Meister sagte zu Ran You[33]: »Kannst du das nicht verhindern?«

Ran You antwortete: »Das kann ich nicht!«

Der Meister erwiderte: »Ach! Kann man denn wirklich sagen, daß der Geist des Tai-Berges weniger versteht als Lin Fang und solch ein regel- und sittenwidriges Opfer annimmt?«

III,7 Konfuzius sprach: »Der Edle steht mit niemandem im Wettstreit.

Wenn es überhaupt geschieht, dann höchstens beim Bogenschießen. Hier aber verbeugt man sich vor Beginn. Nach Beendigung des Bogenschießens setzt man sich unter Verbeugungen nieder und trinkt Wein. Ein solcher Wettstreit schickt sich für den Edlen.«

III,8 [Der Schüler] Zi-xia fragte: »Was bedeuten die Worte ›Ein verschmitztes Lächeln macht hübsche Grübchen,

anmutig ist der Glanz schöner Augen,

auf weißem Grund entstehen bunte Muster‹?«

Konfuzius antwortete: »Erst kommt der weiße Grund, dann die bunten Muster.«

Zi-xia sagte daraufhin: »Die Umgangsformen und Anstandsregeln kommen also erst an zweiter Stelle?«

Der Meister erwiderte: »Zi-xia spricht meine Gedanken aus. Mit ihm kann ich über das ›Buch der Lieder‹ zu reden beginnen.«

III,9 Konfuzius sprach: »Die Sitten und Bräuche der Xia-Dynastie könnte ich schildern, aber ihre Nachkommen im Staate Ji haben dafür nicht genügend Belege.

Ebenso könnte ich die Sitten und Bräuche der Yin-Dynastie schildern, aber auch bei den Nachkommen im Staate Song gibt es nur unzureichend Belege. Sie hatten zu wenig Dokumente und Urkunden. Sonst könnte ich sie als Beweise anführen.«

III,10 Konfuzius sprach: »Bei der großen Opferzeremonie möchte ich vom Darbringen des Weines an nicht mehr zuschauen.«[34]

III,11 Jemand bat Konfuzius, ihm die große Opferzeremonie zu erklären.

Konfuzius antwortete: »Ich kann das nicht. Wer das vermag, für den ist es genauso einfach, das Reich zu regieren, wie hierauf« – er deutete auf seine Handfläche – »einen Gegenstand zu legen.«

III,12 Konfuzius opferte den Ahnen, als stünden sie vor ihm.

Er opferte den Geistern, als wären sie gegenwärtig.

Konfuzius sprach: »Nehme ich nicht selbst an der Opferhandlung teil, so ist es, als hätte ich kein Opfer gebracht.

Man kann sich nicht durch andere vertreten lassen.«

III,13 Wang-sun Jia [ein hoher Beamter aus dem Staate Wei] fragte: »Was bedeuten die Worte

›Es ist besser, den Geist des Herdes günstig zu stimmen als den Geist des inneren Hauses‹?«

Konfuzius antwortete: »Diese Worte sind falsch. Wer gegen den Willen des Himmels verstößt, hat niemanden, zu dem er beten kann.«[35]

III,14 Konfuzius sprach: »Die Zhou-Dynastie folgt den beiden vorangegangenen Dynastien der Xia und Shang. Wie vornehm und kultiviert! Ich folge Zhou.«[36]

III,15 Wenn Konfuzius den großen Ahnentempel betrat, fragte er nach allem, was zu Ritual und Zeremonie gehört.

Jemand meinte: »Wie kann man sagen, daß der Sohn des Mannes aus Zou[37] die Riten und Bräuche kennt? Er betritt den großen Ahnentempel und fragt nach jeder Einzelheit.«

Der Meister hörte diese Bemerkung und erwiderte: »Auch das entspricht dem Ritual und gehört sich so.«

III,16 Konfuzius sprach: »Beim Bogenschießen kommt es nicht darauf an, die Zielscheibe zu durchbohren, denn die Kräfte der Menschen sind ungleich. So jedenfalls hielt man es in alten Zeiten.«

III,17 Zi-gong wollte den Brauch abschaffen, wonach am ersten Tag jedes Monats den Ahnen ein Hammel geopfert wird.

Konfuzius sprach: »Dir ist es um den Hammel leid, ich dagegen bin um das Ritual besorgt.«[38]

III,18 Konfuzius sprach: »Wenn man dem Herrscher dient und sich dabei streng an die Etikette hält, dann wird das von den Menschen für Schmeichelei gehalten.«

III,19 Ding-gong [Herrscher des Staates Lu] fragte den Konfuzius: »Wie soll sich ein Herrscher seiner Beamten bedienen, und wie sollen die Beamten dem Herrscher dienen?«

Konfuzius antwortete: »Der Herrscher möge seine Beamten anständig und höflich behandeln.

Die Beamten sollen dem Herrscher in treuer Ergebenheit dienen.«

III,20 Konfuzius sprach: »Das Lied ›Guan Ju‹ aus dem ›Buch der Lieder‹ drückt Freude aus, ohne Zügellosigkeit zu preisen; es drückt zugleich Trauer aus, ohne niederzudrücken.«

III,21 Ai-gong [Herrscher des Staates Lu] fragte Zai Wo[39] nach dem Altar für die Schutzgötter der Heimat.

Zai Wo antwortete: »In der Xia-Dynastie wurde dort eine Kiefer gepflanzt,

die Yin[40] pflanzten eine Zypresse,

und die Zhou pflanzten dort eine Kastanie.[41] Damit sollten wohl die Menschen in Furcht versetzt werden.«

Konfuzius hörte davon und sprach: »Gegen Handlungen, die bereits vollzogen sind, soll man keine Einwände erheben. Vergangenes soll man nicht tadeln.«

III,22 Konfuzius sprach: »Guan Zhong [Kanzler im Staate Qi][42] hatte im Grunde nur geringe Fähigkeiten.«

»War Guan Zhong sparsam?« fragte jemand.

Konfuzius meinte daraufhin: »Er hatte drei Frauen, und für jede Aufgabe hatte er einen speziellen Beamten oder Diener. Wie kann man ihn da für sparsam halten?«

»Dann kannte sich aber doch Guan Zhong in den Fragen des Umgangs und der Zeremonien aus?«

Der Meister antwortete: »Den Fürsten allein kam es zu, vor ihrem Palasttor eine Schutzwand aufzustellen. Doch Guan Zhong maßte sich das Vorrecht eines Fürsten an und hatte ebenfalls einen solchen Schirm vor seinem Tor.

Die Fürsten pflegten bei ihren Zusammenkünften besondere Tische für das Kredenzen von Wein zu benutzen. Guan Zhong tat es ihnen gleich und maßte sich etwas an, was ihm nicht zukam.

Wenn Guan Zhong den Sinn der Zeremonien und Umgangsformen verstanden haben soll, wer würde ihn dann wohl nicht verstehen?«

III,23 Konfuzius sprach mit dem Hofmusikmeister des Staates Lu über Musik; er sagte: »Der Einsatz sei gleichmäßig; dann erklinge alles voller Harmonie, klar und deutlich – und so fortlaufend bis zum Schluß.«

III,24 Der Grenzwart von Yi bat um ein Gespräch mit Konfuzius; er sagte: »Wenn ein Edler hier vorbeikam, wurde es mir noch nie versagt, ihn zu sehen.«

Daraufhin wurde er bei Konfuzius eingeführt.

Als er wieder ging, sagte er zu den Schülern des Konfuzius: »Warum seid ihr betrübt, daß euer Meister sein Amt verloren hat? Die Welt war lange Zeit ohne den rechten Weg. Jetzt will der Himmel sie mit eurem Meister erwecken – wie mit einer Glocke.«

III,25 Konfuzius sagte von der Musik des alten Kaisers Shun: »Sie ist vollendeter Wohlklang und zugleich vollendeter Ausdruck edler Gesinnung.«

Zur Musik des kriegerischen Königs Wu meinte er: »Auch sie ist sehr wohlklingend, aber sie drückt nicht in höchster Weise edle Gesinnung aus.«

III,26 Konfuzius sprach: »Eine hohe Stellung bekleiden und keinen Großmut zeigen, die Vorschriften des Rituals ohne Ehrfurcht ausführen, den Bräuchen bei Begräbnis und Trauer ohne inneren Schmerz nachkommen – wie soll ich das mit ansehen?«

Kapitel IV

IV,1 Konfuzius sprach: »Das Leben an einem Ort ist erst dann schön, wenn die Menschen ein gutes Verhältnis zueinander haben. Wie kann man einen Menschen weise nennen, der sich's aussuchen kann und sich doch nicht dort niederläßt, wo die Menschen gut zueinander sind?«

IV,2 Konfuzius sprach: »Wer ohne Sittlichkeit ist,[43] wird ein Leben in Bedrängnis nicht lange aushalten können. Er wird auch kaum lange in Freude leben.
Wer hingegen zu anderen Menschen gut ist, findet darin Zufriedenheit. Darum ist der Weise immer bestrebt, sich so zu verhalten.«

IV,3 Konfuzius sprach: »Nur wer selbst gut ist, hat auch ein richtiges Maß, um andere zu lieben oder zu hassen.«[44]

IV,4 Konfuzius sprach: »Wollten alle das Gute, dann gäbe es nichts Böses mehr.«

IV,5 Konfuzius sprach: »Reichtum und Ansehen – das wünschen sich die Menschen.
Kann man jedoch nicht auf anständige Weise dazu gelangen, dann soll man sich weder um das eine noch um das andere bemühen.
Armut und niedere Stellung – das mögen die Menschen nicht. Ist es nicht auf anständige Weise zu schaffen, dann sollte man dieser Situation nicht zu entweichen suchen.
Entfernt sich der Edle von den Normen korrekten, sittlichen Verhaltens[45] – wie verdient er dann noch diesen Namen? Er verletzt sie nicht einmal für die Dauer einer Mahlzeit. Er steht zu ihnen, was auch kommen mag.«

IV,6 Konfuzius sprach: »Ich habe keinen Menschen kennengelernt, der das Gute wirklich liebt, und keinen, der das Böse wirklich verabscheut.

Wer das Gute wirklich liebt, läßt sich darin nicht übertreffen.

Wer das Böse wirklich verabscheut, handelt nach den Grundsätzen von Moral und Sittlichkeit; er hält von sich fern, was ihnen zuwiderläuft.

Gibt es etwa Menschen, die nicht die Kraft hätten, sich einen Tag lang für das Gute[46] einzusetzen? Solche Menschen gibt es vielleicht, aber ich kenne keinen.«

IV,7 Konfuzius sprach: »Die Verfehlungen, die begangen werden, entsprechen der Sorte von Leuten, die sie begehen. An seinen Fehlern kann man einen Menschen erkennen.«

IV,8 Konfuzius sprach: »Wer am Morgen den rechten Weg erkannt hat, könnte am Abend getrost sterben.«

IV,9 Konfuzius sprach: »Mit einem Menschen zu reden, der zwar nach dem rechten Weg strebt, sich dabei aber schlechter Kleidung und einfacher Speise schämt, ist unbefriedigend.«

IV,10 Konfuzius sprach: »Der Edle steht den Dingen dieser Welt vorurteilslos gegenüber. Nur an das Rechte hält er sich.«

IV,11 Konfuzius sprach: »Dem Edlen geht es um innere Werte, der Gemeine hingegen ist auf Materielles aus.

Der Edle denkt an die richtigen Vorbilder, der Gemeine strebt nach Gunst.«

IV,12 Konfuzius sprach: »Wer immer den eigenen Vorteil sucht, bekommt Ärger.«

IV,13 Konfuzius sprach: »Einen Staat regieren und damit die Menschen so behandeln, wie es ihnen zukommt – was dürfte denn das für Schwierigkeiten machen?

Ein Herrscher, der das nicht vermag – was gelten dem Anstand, Höflichkeit und herkömmliche Umgangsformen?«

IV,14 Konfuzius sprach: »Es bekümmert mich nicht, daß ich ohne Amt und Würden bin.

Ich sorge mich vielmehr, daß es mir an Fähigkeiten und eigenem Vermögen mangelt.

Auch betrübt es mich nicht, unbekannt zu sein.

Es geht mir nur darum, würdig zu sein, daß man mich kennt.«

IV,15 Konfuzius sprach: »Zeng Shen,[47] es gibt einen Gedanken, der sich wie ein roter Faden durch meine Lehre zieht.«

Zeng-zi bejahte.

Nachdem der Meister gegangen war, fragten die Schüler: »Was bedeutet das?«, und Zeng-zi sagte daraufhin:

»Treu sein und immer das Rechte tun[48] – das ist der Weg[49] des Meisters, und nichts weiter!«

IV,16 Konfuzius sprach: »Der Edle ist mit seinen Pflichten vertraut; der Gemeine sieht nur den eigenen Vorteil.«

IV,17 Konfuzius sprach: »Triffst du einen wertvollen Menschen, dann sei darauf bedacht, ihm gleich zu werden. Siehst du hingegen einen Unwürdigen, dann wende dich deinem Inneren zu und prüfe dich selbst.«

IV,18 Konfuzius sprach: »Dienst du deinen Eltern, dann kannst du ihnen auch in gebotener Zurückhaltung widersprechen. Siehst du aber, daß sie nicht gewillt sind, dir zu folgen, dann sei weiterhin ehrerbietig und widersetze dich nicht.

Mühe dich für sie, ohne zu murren.«

IV,19 Konfuzius sprach: »Zu Lebzeiten der Eltern soll man nicht in die Ferne ziehen. Verläßt man sie aber doch, dann muß man einen festen Wohnsitz haben.«

IV,20 Konfuzius sprach: »Wer lange Zeit nicht vom Weg des Vaters abweicht, von dem kann man sagen, daß er sich ehrfürchtig und pietätvoll verhält.«

IV,21 Konfuzius sprach: »Das Alter der Eltern muß einem ständig bewußt sein;

es ist einerseits Grund zur Freude, andererseits Anlaß zur Sorge.«

IV,22 Konfuzius sprach: »In alten Zeiten gingen die Leute nicht so leichtfertig mit der Sprache um, denn sie hatten Skrupel, daß sie hinter ihren eigenen Worten zurückbleiben könnten.«

IV,23 Konfuzius sprach: »Wer sich selbst in der Gewalt hat, macht selten Fehler.«[50]

IV,24 Konfuzius sprach: »Der Edle ist bedacht in seinen Worten und klug in seinem Handeln.«

IV,25 Konfuzius sprach: »Tugend steht nicht allein. Wer das Rechte tut, wird bestimmt Freunde finden.«

IV,26 Zi-you sagte: »Wer einem Herrscher Vorwürfe macht, fällt in Ungnade.

Wer seinen Freunden zu viele Vorwürfe macht, wird einsam.«

Kapitel V

V,1 Konfuzius sagte von [seinem Schüler] Gong-ye Chang: »Er taugt für die Ehe. Zwar war er im Gefängnis, aber es war nicht seine Schuld.«

Er gab ihm seine Tochter zur Frau.

V,2 Konfuzius sagte von [seinem Schüler] Nan Rong: »Ist das Land unter einer guten Regierung, verzichtet man nicht auf ihn.

Unter einer schlechten Regierung versteht er es, der Verfolgung zu entgehen.«

Er gab ihm die Tochter seines älteren Bruders zur Frau.

V,3 Konfuzius sagte von seinem Schüler Zi-jian: »Er ist in der Tat ein hervorragender Mensch. Wenn es im Staate Lu nicht schon Edle gäbe, wie hätte er dann so werden können?«

V,4 [Der Schüler] Zi-gong fragte: »Was hält man von mir?«

Konfuzius antwortete: »Du bist ein Gefäß.«

»Was für ein Gefäß?« wollte Zi-gong wissen.

»Ein wertvolles Opfergefäß«, sagte Konfuzius.[51]

V,5 Jemand sagte: »[Der Schüler] Ran Yong ist zwar ein guter Mensch, aber er ist nicht redegewandt.«

Konfuzius bemerkte daraufhin: »Wozu braucht man Zungenfertigkeit? Wer schnell mit dem Wort ist, macht sich oft unbeliebt. Wer nichts von Moral und Sittlichkeit weiß, wozu braucht der redegewandt zu sein?«

V,6 Konfuzius wollte, daß [sein Schüler] Qi-diao Kai ein öffentliches Amt übernimmt. Dieser entgegnete: »Das traue ich mir noch nicht zu.« Der Meister war über diese Antwort sehr erfreut.[52]

V,7 Konfuzius sprach: »Die Welt geht nicht den rechten Weg. Ich möchte am liebsten ein Floß nehmen und aufs Meer hinausfahren. Zi-lu würde mich dabei wohl als einziger begleiten.« Zi-lu freute sich, als er davon hörte. Konfuzius aber bemerkte daraufhin: »Er übertrifft mich zwar an Wagemut, aber man kann ihn sich nicht zum Vorbild nehmen.«

V,8 Meng Wu-bo[53] fragte Konfuzius, ob sich Zi-lu zu anderen Menschen stets richtig verhalte.

Der Meister erwiderte: »Ich weiß es nicht.«

Daraufhin wiederholte Meng Wu-bo seine Frage.

Da sagte Konfuzius: »Ihm kann man das Militärwesen eines Staates von tausend Kriegswagen[54] übertragen. Ob er sich aber zu anderen Menschen stets richtig verhält, das weiß ich nicht.«

Meng Wu-bo fragte weiter: »Und wie steht es mit Ran Qiu?«

»Qiu kann man zum obersten Beamten für einen Ort von tausend Familien oder eine Macht von hundert Kriegswagen ernennen. Ob er sich aber zu anderen Menschen stets richtig verhält, das weiß ich nicht.

»Und wie ist es mit Zi-hua?«[55]

Konfuzius antwortete: »Zi-hua kann man damit betrauen, im festlichen Gewand bei Hofe die Gäste zu empfangen. Ich weiß jedoch auch bei ihm nicht, ob er sich stets richtig zu anderen Menschen verhält.«

V,9 Konfuzius sagte zu [dem Schüler] Zi-gong: »Du und Yan Hui, wer von euch beiden ist besser?«

Zi-gong erwiderte: »Wie könnte ich es wagen, mich mit Hui zu vergleichen? Hui vermag, wenn er etwas über eine Sache hört, diese sogleich völlig zu erfassen. Ich hingegen kann lediglich von einem Gesichtspunkt auf einen zweiten schließen.«

Der Meister sagte daraufhin: »Du kommst ihm nicht gleich. Ich stimme mit dir darin überein, daß du nicht an ihn heranreichst.«

V,10 Zai Wo schlief am hellichten Tag. Konfuzius sprach: »Faules Holz kann man nicht schnitzen. Eine Wand aus Kot und Kehricht kann man nicht anstreichen. Was hat es für einen Zweck, Zai Wo zu tadeln?«

Der Meister sprach weiter: »Früher vertraute ich den Menschen, wenn ich nur ihre Worte hörte. Heute hingegen höre ich die Worte der Menschen, betrachte aber zugleich auch ihre Taten. Zai Wo gab mir Anlaß, mich zu ändern.«

V,11 Konfuzius sprach: »Ich habe noch keinen wirklich standhaften und unbeugsamen Menschen gesehen.«

Jemand erwiderte: »Shen Cheng ist ein solcher Mensch.«

Der Meister bemerkte dazu: »Cheng wird von seinen Leidenschaften beherrscht. Wie kann er da standhaft und unbeugsam sein?«

v,12 Zi-gong sprach: »Was man mir nicht antun soll, das will auch ich anderen Menschen nicht antun.«

Konfuzius aber sagte: »So zu handeln vermagst du noch nicht.«

v,13 Zi-gong sprach: »Von des Meisters Bildung kann man lernen.[56] Über die Natur des Menschen[57] und den Weg des Himmels[58] aber ist von ihm nichts zu vernehmen.«

v,14 Zi-lu war stets bange, daß er neues Wissen aufnehmen sollte, ohne das alte schon anwenden zu können.

v,15 Zi-gong fragte: »Aus welchem Grund hat man Kong Wen-zi[59] den Namen ›Wen‹ [›Der Gebildete‹] gegeben?«

Der Meister antwortete: »Er war schnell von Begriff und liebte das Lernen; er scheute sich nicht, Menschen von niederem Rang um Rat zu fragen. Deshalb nannte man ihn den Gebildeten.«

v,16 Konfuzius sagte von Zi-chan[60]: »In vier Dingen war er wie ein Edler: Sein Verhalten war höflich;

ehrerbietig diente er seinem Herrscher;

er tat Gutes für das Volk,

und er behandelte es korrekt.«

v,17 Konfuzius sprach: »Yan Ping-zhong[61] war sehr verträglich. Auch wenn er einen Menschen sehr lange kannte, nahm er sich nichts heraus; er blieb immer höflich.«

V,18 Konfuzius sprach: »Zang Wen-zhong[62] besaß eine große Schildkröte. Für sie hatte er ein eigenes Haus mit prächtigen Säulen und vielen kunstvollen Verzierungen. Ist so etwas etwa weise?«

V,19 [Der Schüler] Zi-zhang fragte: »Zi-wen[63] hatte dreimal das Amt eines Kanzlers inne, ohne sich an der Macht zu ergötzen. Dreimal wurde er seines Amtes enthoben, ohne darüber verärgert zu sein. Er hielt es stets für seine Pflicht, den Nachfolger in das Amt einzuführen. Was ist von diesem Mann zu halten?«

Konfuzius antwortete: »Er war voll Ergebenheit.«

Zi-zhang fragte weiter: »War er ein moralischer Mensch?«

Der Meister sagte daraufhin: »Ich weiß es nicht. Warum sollten wir ihn so bezeichnen?«

Zi-zhang fuhr fort: »Als Cui-zi[64] den Herrscher von Qi ermordete, gab [der Beamte] Chen Wen-zi auf, was er besaß, und verließ den Staat Qi. In einem anderen Staat angekommen, sagte er: ›Die hier verhalten sich ja genauso wie bei uns dieser Cui-zi.‹ Er ging in den nächsten Staat, und er sagte wieder: ›Die hier sind auch so wie bei uns dieser Cui-zi.‹ Dort blieb er auch nicht. Was haltet Ihr von diesem Chen Wen-zi?«

Der Meister antwortete: »Er blieb sauber.«

»War er ein moralischer Mensch?«

Konfuzius meinte: »Ich weiß es nicht. Warum sollten wir ihn so bezeichnen?«

V,20 Ji Wen-zi [hoher Beamter im Staat Lu] überlegte dreimal, ehe er handelte. Konfuzius hörte davon und sagte: »Zweimal – das reicht schon aus.«

V,21 Konfuzius sprach: »Solange es gut um den Staat bestellt war, trat [der Minister] Ning Wu-zi wie ein Weiser auf. Als aber das Land in Unordnung geriet, gab er sich wie ein Tor.[65]

In seiner Weisheit können ihm andere wohl gleichkommen. In seiner Torheit ist er unerreichbar.«

V,22 Als Konfuzius im Staate Chen war, sagte er: »Laßt uns zurückkehren! Laßt uns zurückkehren! Meine Schüler sind voll Eifer und Begeisterung, sie haben auch Bildung. Aber sie vermögen nicht, sich selbst Fasson zu geben.«

V,23 Konfuzius sprach: »Bo-yi und Shu-qi [zwei Prinzen aus der Shang-Dynastie] rührten nicht immer wieder alten Haß auf; deshalb begegneten ihnen andere Menschen selten mit Groll.«

V,24 Konfuzius sprach: »Wer behauptet, Wei-sheng Gao[66] sei aufrichtig? Als sich jemand von ihm Essig erbat, ging er erst zu seinem Nachbarn und borgte sich welchen, um ihn dann weiterzugeben, als wäre es sein eigener.«

V,25 Konfuzius sprach: »Zuo Qiu-ming[67] waren schöne Worte, eine einschmeichelnde Miene und Liebedienerei peinlich. Mir ist das auch peinlich.

Zuo Qiu-ming lehnte es ab, seine Abneigung gegenüber einem Menschen zu verbergen und so zu tun, als sei er sein Freund. Bei mir ist es ebenso.«

V,26 Als [seine Schüler] Yan Hui und Zi-lu bei ihm waren, sprach Konfuzius: »Sagt mir, welche Wünsche jeder von euch beiden hat.«

Zi-lu antwortete: »Ich hätte gern Wagen, Pferde und zum Anziehen feine Pelze. Ich würde diese Dinge mit meinen Freunden teilen. Auch wenn sie dadurch schneller entzwei gingen, es würde mich nicht bekümmern.«

Yan Hui antwortete auf die Frage des Meisters: »Ich wünschte mir, daß ich mich nicht selbst lobe, nicht mich guter Eigenschaften rühme und nicht mit meinen Verdiensten prahle.«

Zi-lu bemerkte dann: »Wir würden gern die Wünsche des Meisters erfahren.«

Konfuzius sprach: »Den Alten ein Leben in Ruhe und Frieden gönnen, das Vertrauen meiner Freunde haben, den Sinn für die Jugend bewahren –

das sind meine Wünsche.«[68]

V,27 Konfuzius sprach: »Es hat alles keinen Sinn. Ich habe noch niemanden getroffen, der seine eigenen Fehler sieht und sich dabei selbst anklagt.«

V,28 Konfuzius sprach: »Selbst wo nur zehn Familien zusammen wohnen, gibt es bestimmt Leute, die mir in Treue und Aufrichtigkeit gleichen.[69] Aber keiner strebt danach, zu lernen wie ich.«

Kapitel VI

VI,1 Konfuzius sprach: »Dem Ran Yong könnte man einen Staat anvertrauen.«[70]

VI,2 [Der Schüler] Ran Yong fragte nach Zi-sang Bo-zi[71], Konfuzius antwortete: »Er ist ganz gut, er ist nur zu tolerant.«

Ran Yong meinte: »Regiert jemand das Volk mit Toleranz, der von seiner inneren Natur her darauf bedacht ist, die Regeln und Prinzipien zu achten, so mag das angehen.

Aber großzügig von Gesinnung und zugleich tolerant im Handeln sein – ist das nicht ein Zuviel an Großzügigkeit?«

Konfuzius erwiderte: »Du hast recht.«

VI,3 Ai-gong [Herrscher von Lu] fragte Konfuzius, wer von seinen Schülern großen Lerneifer habe.

Der Meister antwortete: »Yan Hui liebte das Lernen.

Nie ließ er Ärger an anderen aus.

Keinen Fehler machte er zweimal.

Leider ist er früh gestorben. Ich habe keinen wieder getroffen, der so lerneifrig ist, wie er es war.«

VI,4 [Der Konfuzius-Schüler] Zi-hua ging als Gesandter nach Qi. Da bat Ran Qiu [ein anderer Schüler des Meisters] um Korn für Zi-huas Mutter.

Konfuzius sagte: »Gib ihr ein fu.«

Doch Ran Qiu erbat mehr.

»Gib ihr ein yu!« sagte daraufhin der Meister.

Ran Qiu gab ihr aber fünf bing.[72]

Konfuzius meinte dazu: »Als sich Zi-hua in den Staat Qi begab, hatte er wohlgenährte Pferde vor seinem Wagen; er trug feines Pelzwerk.

Ich habe zwar gehört, daß der Edle dem Bedürftigen gibt, aber nicht, daß er einen Reichen noch reicher macht.«

VI,5 [Der Schüler] Yuan Si wurde Präfekt. Dafür sollte er 900 Maß Getreide bekommen. Er aber wollte ablehnen. Konfuzius jedoch sprach: »Lehne es nicht ab. Hast du zuviel, so gib es anderen, deinen Nachbarn und Landsleuten.«

VI,6 Der Meister kam auf [seinen Schüler] Zhong-gong zu sprechen, dessen Vater ein schlechter Mensch war:

»Nehmen wir einmal an, ein Kalb hat ein rotbraunes Fell und gleichmäßige Hörner, aber die Menschen wollten es nicht, weil es das Kalb einer scheckigen Kuh ist –

würden es etwa darum die Geister der Berge und Flüsse ablehnen?«[73]

VI,7 Konfuzius sprach: »Yan Hui war imstande, drei Monate lang nichts Unrechtes zu denken. Die anderen können das immer nur kurze Zeit.«

VI,8 Ji Kang-zi[74] fragte, ob man Zi-lu mit Regierungsaufgaben betrauen könne.

Konfuzius antwortete: »Zi-lu ist in seinen Entschlüssen sicher. Welche Schwierigkeiten sollte es da geben?«

Ji Kang-zi fragte weiter: »Und Zi-gong – kann man ihn mit Regierungsaufgaben betrauen?«

Hierauf sagte der Meister: »Zi-gong blickt auf den Grund der Dinge. Sollte er sich da nicht auch für Regierungsaufgaben eignen?«

Ji Kang-zi fragte erneut: »Und wie steht es mit Ran Qiu?«

Der Meister erwiderte: »Ran Qiu hat Talent. Aus welchem Grunde sollte er nicht für die Regierung taugen?«

VI,9 Das Haupt der Familie Ji[75] sandte einen Boten zu [dem Schüler] Min Zi-qian, um ihm das Amt des Präfekten von Bi[76] anzutragen. Min Zi-qian entgegnete: »Lehne du für mich dieses Angebot höflich ab. Sollte mich wieder einmal jemand in dieser Angelegenheit behelligen, werde ich außer Landes sein.«[77]

VI,10 [Der Schüler] Bo-niu war krank, Konfuzius erkundigte sich nach seinem Befinden; er ergriff vom Fenster aus seine Hand und sagte: »Es geht mit ihm zu Ende. Das Schicksal will es so.

Daß ein Mann wie er eine solche Krankheit hat! Daß ein Mann wie er eine solche Krankheit hat!«[78]

VI,11 Konfuzius sprach: »Wie weise[79] war doch Yan Hui! Nur eine Schüssel voll Reis und eine Kürbisschale voll Wasser und dazu noch armselig wohnen – andere Menschen würden ein so trauriges Leben gar nicht aushalten.

Hui hingegen bewahrte seine Fröhlichkeit. Wie weise war er doch!«

VI,12 Ran Qiu sagte: »Nicht, daß ich an der Lehre des Meisters keinen Gefallen fände – nur, meine Kräfte reichen dafür nicht aus.«

Konfuzius erwiderte: »Reichen die Kräfte nicht aus, so gibt man auf halber Strecke auf. Du aber machst dich gar nicht erst auf den Weg.«

VI,13 Konfuzius sprach zu Zi-xia: »Sei als Gelehrter ein Edler; folge nicht den niedrigen Beweggründen eines gewöhnlichen Menschen.«[80]

VI,14 Zi-you war Präfekt von Wu-cheng.

Konfuzius fragte ihn: »Hast du hier geeignete Menschen gefunden?«

Zi-you erwiderte: »Es gibt hier einen mit Namen Tan-tai Mie-ming, er sucht keine Schleichwege. Nur in öffentlichen Angelegenheiten ist er bisher in mein Haus gekommen.«

VI,15 Konfuzius sprach: »Meng Zhi-fan ist kein Angeber. Als die Truppen nach einer verlorenen Schlacht fliehen mußten, war er der letzte.

Erst als sie durch das Stadttor ritten, trieb er sein Pferd an und sprach:

›Ich komme nicht deshalb als letzter, weil ich besonders mutig wäre. Mein Pferd wollte nicht laufen – das ist der Grund.‹«[81]

VI,16 Konfuzius sprach: »Ohne Beredsamkeit, nur mit Schönheit wird man in der Welt von heute schwerlich bestehen können.«

VI,17 Konfuzius sprach: »Wer kann das Haus verlassen, ohne durch die Tür zu gehen?

Warum nehmen die Menschen nicht den rechten Weg?«

VI,18 Konfuzius sprach: »Ist ein Mensch mehr natürlich als gebildet, dann ist er unkultiviert.

Unterdrückt die Bildung eines Menschen seine Natur, dann ist er eine Schreiberseele.

Erst wenn Bildung und Natur ausgeglichen sind, ist man ein Edler.«

VI,19 Konfuzius sprach: »Das Leben des Menschen gründet sich auf Geradheit und Aufrichtigkeit.

Ohne sie ist es abhängig von glücklichen Zufällen.«

VI,20 Konfuzius sprach: »Etwas zu mögen ist besser, als es nur zu kennen.

Noch besser ist es aber, dadurch Freude zu gewinnen.«

VI,21 Konfuzius sprach: »Wer sich über den Durchschnitt erhebt, mit dem kann man über Großes reden. Dies ist nicht möglich mit einem Menschen, der unter dem Durchschnitt steht.«

VI,22 [Der Schüler] Fan Chi fragte, was Weisheit sei. Konfuzius antwortete: »Zu den Pflichten stehen, die man gegenüber dem Volke hat,
  die Geister verehren, aber nicht darin aufgehen –
  das kann man Weisheit nennen.«
Fan Chi fragte dann, was sittliches Verhalten sei.
»Erst die Mühe[82], dann der Lohn –
so verhält man sich richtig«, erwiderte Konfuzius.

VI,23 Konfuzius sprach: »Wer auf die Kenntnis der äußeren Dinge aus ist, findet Freude am Wasser.
  Wem es aber um sittliche Vollkommenheit geht, der erfreut sich an den Bergen.
  Der eine ist ständig in Bewegung, der andere voll innerer Ruhe.
  Der eine findet Vergnügen, der andere hat ein langes Leben.«[83]

VI,24 Konfuzius sprach: »Würde sich der Staat Qi wandeln, käme er dem Staate Lu gleich.
  Würde sich der Staat Lu reformieren, dann käme er auf den rechten Weg.«

VI,25 Konfuzius sprach: »Ein viereckiges Gefäß ohne vier Ecken – was für ein sonderbares viereckiges Gefäß ist das!«[84]

VI,26 [Der Schüler] Zai Wo fragte: »Wenn man einem Menschen, der nach dem Ideal des rechten, sittlichen

Verhaltens strebt,[85] sagt, ›Dort im Brunnen ist dein
Ideal‹, dann springt er wohl sofort hinunter?«

Konfuzius erwiderte: »Warum sollte er das tun? Einen Edlen fortschicken, so daß er nicht wiederkommt –
das kann man. Ihm aber eine Falle stellen, das geht nicht.
Man kann ihn zwar betrügen, aber nicht zum Narren
halten.«

VI,27 Konfuzius sprach: »Der Edle, der eine gute Bildung hat und sich den Riten und Anstandsregeln unterwirft, wird wohl imstande sein, Fehltritte zu vermeiden.«

VI,28 Konfuzius stattete Nan-zi [Gemahlin des Herrschers von Wei] einen Besuch ab.

Sein Schüler Zi-lu war darüber nicht erfreut und hatte
starke Bedenken.

Da sprach der Meister: »Wenn ich unrecht gehandelt
haben sollte, dann mag mich der Himmel verdammen,
dann mag mich der Himmel verdammen.«[86]

VI,29 Konfuzius sprach: »Maß und Mitte bewahren –
das ist die höchste Tugend.

Sie ist selten geworden, seit langem schon.«

VI,30 [Der Schüler] Zi-gong fragte: »Nehmen wir an,
es gibt einen Menschen, der viel Gutes für das Volk tut
und der allen seine Hilfe angedeihen läßt – was würdet
Ihr von ihm halten? Könnte man das als echtes sittliches
Verhalten gegenüber den Mitmenschen, als Menschenliebe, bezeichnen?«

Konfuzius antwortete: »Warum nur als Menschenliebe? Muß man nicht sagen, es ist der höchste Grad
moralischer Vollkommenheit? Eine Stufe, die selbst die

alten Kaiser Yao und Shun[87] nicht zu erreichen vermochten!

Wer den Grundsätzen des sittlichen Verhaltens folgt,
will sich und andere daran aufrichten.

Er will, daß ihm das gelingt und daß es auch anderen
gelingt.

Das Naheliegende tun können und sich dabei an anderen ein Beispiel nehmen – das ist die rechte Art des
Verhaltens.«

Kapitel VII

VII,1 Konfuzius sprach: »Ich übermittle, aber ich
schaffe nichts Neues. Ich glaube an das Alte und liebe es.
Darin vergleiche ich mich unserem Lao Peng.«[88]

VII,2 Konfuzius sprach: »Voll innerer Ruhe alles Wissen bewahren; lernen, ohne Überdruß zu empfinden; andere unterweisen, ohne dabei zu ermüden – was gelingt
mir davon schon?«

VII,3 Konfuzius sprach: »Moral und Charakter werden vernachlässigt. Was gelernt werden soll, wird nicht
erklärt.

Man kennt die Pflichten, aber man kommt ihnen nicht
nach.

Was an einem nicht gut ist, vermag man nicht zu ändern.

Das sind Dinge, die mir Sorge bereiten.«

VII,4 Wenn der Meister Muße hatte, wirkte er ent-
spannt und heiter.

VII,5 Konfuzius sprach: »Wie geht es doch abwärts mit mir! Schon lange ist mir der Zhou-gong nicht mehr im Traum erschienen.«[89]

VII,6 Konfuzius sprach: »Folge dem rechten Weg; richte dich am Guten aus; tu, was sich gehört[90]; erfreue dich an den Künsten.«

VII,7 Konfuzius sprach: »Ich habe niemandem – sofern er nur etwas, und war es noch so wenig, mitbrachte – jemals die Unterweisung verweigert.«[91]

VII,8 Konfuzius sprach: »Wer nicht danach strebt, dem eröffne ich nicht die Wahrheit.
Wer nicht selbst nach den rechten Worten sucht, den unterweise ich nicht.
Nehmen wir an, ich zeige jemandem eine Ecke, und er vermag es nicht, dadurch auf die anderen drei Ecken zu schließen, dann wiederhole ich nicht.«

VII,9 An der Seite eines Trauernden hat sich der Meister niemals satt gegessen.

VII,10 Hatte der Meister an einem Tage geweint, so sang er am selben Tage nicht mehr.

VII,11 Konfuzius sprach zu Yan Hui: »Wird man gebraucht, erfüllt man seine Pflicht.
Wird man nicht mehr gebraucht, so zieht man sich zurück.
Nur ich und du handeln so.«
Zi-lu fragte: »Hätte der Meister ein großes Heer zu führen, wen würde er dann neben sich haben wollen?«
Konfuzius antwortete: »Wer sich mit bloßen Händen auf einen Tiger wirft, ohne Boot den Fluß überquert und

sich ohne weiteres in den Tod stürzt, den würde ich nicht nehmen.

Es müßte einer sein, der mit Vorsicht an die Dinge herangeht, der alles sorgsam bedenkt und schließlich auch zustande bringt, was er plant.«

VII,12 Konfuzius sprach: »Könnte man auf rechtem Wege reich werden, würde ich das auch wollen, und wenn ich dafür als Reitknecht dienen müßte. Da man dies aber nicht kann, folge ich meinen eigenen Neigungen.«

VII,13 Fasten, Krieg und Krankheit – dabei verhielt sich der Meister besonders vorsichtig.

VII,14 Nachdem der Meister im Staate Qi die Musik des alten Kaisers Shun gehört hatte, vergaß er für drei Monate den Geschmack des Fleisches.

Er sprach: »Ich habe nicht geahnt, daß Musik eine solche Wirkung haben kann.«[92]

VII,15 [Der Schüler] Ran Qiu fragte: »Ist der Meister für den Herrscher von Wei?« Zi-gong versprach, ihn zu fragen; er ging hinein und sagte:

»Was für Menschen waren Bo-yi und Shu-qi?«

»Zwei Weise des Altertums«, war die Antwort.

Zi-gong fragte weiter: »Beide hatten sie doch auf die Macht verzichtet. Waren sie deshalb mit ihrem Schicksal unzufrieden?«

Konfuzius antwortete: »Sie strebten nach dem Rechten, und sie erreichten es. Wieso sollten sie unzufrieden gewesen sein?«

Zi-gong ging daraufhin wieder hinaus und sprach: »Der Meister ist nicht für den Herrscher von Wei.«[93]

VII,16 Konfuzius sprach: »Einfachste Nahrung, zum Trinken nur Wasser und den gekrümmten Arm als Kopfkissen – auch dabei kann man glücklich sein.

Hingegen sind unrechtmäßig erworbene Reichtümer und Ehren für mich nur wie flüchtige Wolken, die am Himmel treiben.«

VII,17 Konfuzius sprach: »Wenn mir noch einige Jahre vergönnt sind, so werde ich bis fünfzig das ›Buch der Wandlungen‹ studieren; dann könnte ich wohl größere Verfehlungen vermeiden.«

VII,18 Worüber der Meister häufig sprach – das waren die Lieder, die historischen Dokumente und die Riten. Das waren oft seine Themen.

VII,19 Der Präfekt von She[94] fragte [den Schüler] Zi-lu, was Konfuzius für ein Mensch sei. Zi-lu gab jedoch keine Antwort.

Der Meister sagte daraufhin zu Zi-lu: »Warum hast du nicht einfach gesagt: ›Er ist ein Mensch, der in seinem Eifer das Essen und in seiner Freude die Sorgen vergißt, der nicht merkt, wie das Alter herankommt‹?«

VII,20 Konfuzius sprach: »Ich bin nicht mit Wissen geboren. Ich liebe das Altertum und erforsche es mit Eifer.«

VII,21 Worüber der Meister nicht sprechen mochte, das waren Zauberei, Kraftstücke, Aufruhr und Geister.

VII,22 Konfuzius sprach: »Unter dreien ist bestimmt einer, von dem ich lernen kann. Ich suche die guten Eigenschaften heraus und folge ihnen. Ich sehe zugleich die schlechten Eigenschaften, um es besser zu machen.«

VII,23 Konfuzius sprach: »Der Himmel war es, der die sittlichen Kräfte in mir hervorbrachte. Was können mir da schon Feinde anhaben!«[95]

VII,24 Konfuzius sprach: »Denkt ihr, meine Schüler, ich hätte etwas zu verbergen? Ich habe keine Geheimnisse vor euch. Alles, was ich tue, geschieht vor euren Augen. Das ist meine Art.«

VII,25 Vier Dinge lehrte der Meister: Die alten Schriften verstehen, richtig handeln, treu und standhaft sein, aufrichtig und glaubwürdig sein.

VII,26 Konfuzius sprach: »Es war mir bisher nicht vergönnt, einen Weisen zu sehen. Könnte ich wenigstens einen Edlen sehen, dann würde ich mich schon freuen.«
Der Meister sagte weiter: »Es war mir bisher auch nicht vergönnt, einen wirklich guten Menschen zu treffen. Könnte ich einen finden, der wenigstens beharrlich danach strebt, dann wäre ich schon zufrieden.
Aber Nicht-Haben und so tun, als habe man,
das Volle vorspiegeln, wo alles leer ist,
sich beschränken müssen, aber Luxus vortäuschen –
wie kann man da beharrlich nach dem rechten Weg streben?«

VII,27 Der Meister fing Fische mit der Angel, nicht aber mit dem Netz. Er schoß Vögel; jedoch nicht, wenn sie sich bereits niedergelassen hatten.

VII,28 Konfuzius sprach: »Es mag Leute geben, die aufs Geratewohl handeln, ohne richtig zu wissen, was sie tun. Ich bin nicht so.

Vieles hören, das Gute davon auswählen und ihm folgen,

vieles sehen und es im Gedächtnis behalten –

so gewinnt man schon ein bestimmtes Maß an Wissen.«[96]

VII,29 Es war schwierig, mit den Leuten von Hu-xiang[97] ins Gespräch zu kommen. Deshalb hatten auch die Schüler des Meisters einige Bedenken, als ein Bursche aus dieser Gegend Konfuzius aufsuchen wollte.

Doch der Meister sprach: »Laßt ihn kommen, weist ihn nicht ab. Warum denn so streng sein?

Wenn ein Mensch sich innerlich reinigt, um zu mir zu kommen, dann unterstütze ich das. Ich klammere mich dabei nicht an seinem früheren Verhalten fest.«

VII,30 Konfuzius sprach: »Die Tugend der Menschenliebe – ist sie denn gar so fern? Sie ist durchaus zu erreichen, wenn man sie wirklich will.«[98]

VII,31 Der Justizminister des Staates Chen erkundigte sich, ob Zhao-gong [Herrscher von Lu] die Regeln des Anstands und der Schicklichkeit kenne. Konfuzius bejahte die Frage.

Nachdem sich der Meister entfernt hatte, machte der Minister vor [dem Schüler] Wu-ma Qi eine Verbeugung und bat ihn zu sich heran. Dann sprach er zu ihm: »Ich habe gehört, ein Edler sei unparteiisch-korrekt. Ist etwa ein Edler zuweilen doch einseitig und befangen in seinem Urteil? Der Herrscher von Lu hat ein Mädchen aus dem Staate Wu geheiratet, mit gleichem Sippennamen. Um diesen Verstoß gegen die Sitten zu verschleiern und damit die Heirat zu ermöglichen, nannte er sie einfach anders.

Wenn also Zhao-gong die Regeln des Anstandes und der Schicklichkeit kennen soll, wer kennt sie dann nicht?«

Wu-ma Qi berichtete davon Konfuzius.

Der Meister sagte: »Wenn ich Fehler mache, dann wird das von den Leuten ganz sicher bemerkt. Das ist mein Glück.«

VII,32 Wenn der Meister mit jemandem zusammen war, der gut sang, dann bat er ihn, noch einmal von vorn zu beginnen. Dabei sang er dann selbst mit.

VII,33 Konfuzius sprach: »Was Wissen und Bildung angeht, so stehe ich anderen Leuten nicht nach.

Aber mich selbst im praktischen Leben immer wie ein Edler zu verhalten – das habe ich noch nicht erreicht.«

VII,34 Konfuzius sprach: »Was Vollkommenheit und wahre Sittlichkeit betrifft – wie könnte ich es wagen, mich dessen zu rühmen! Ich strebe danach, ohne nachzulassen; ich lehre andere, ohne es müde zu werden – das könnte von mir gesagt werden, aber nicht mehr.« Gong-xi Hua[99] meinte daraufhin: »Gerade das ist es, was wir Schüler nicht zu lernen vermögen.«

VII,35 Der Meister war schwer krank. [Sein Schüler] Zi-lu wollte für ihn beten.

Konfuzius fragte: »Sollte man das denn tun?«

Zi-lu bejahte die Frage und meinte: »Im Bittgebet heißt es: ›Für dich wenden wir uns an die Geister des Himmels und der Erde.‹«

Der Meister sagte daraufhin: »Es ist schon lange her, daß ich gebetet habe.«

VII,36 Konfuzius sprach: »Verschwendung ruft Unordnung hervor, Sparsamkeit führt zur Einfachheit. Einfachheit ist besser als Unordnung.«

VII,37 Konfuzius sprach: »Der Edle ist ausgeglichen und innerlich ruhig;
der Gemeine hingegen ist innerlich verkrampft und lebt stets in Nöten und Ängsten.«

VII,38 Der Meister war freundlich, doch voll strenger Würde,
er war ehrfurchtgebietend, doch nicht heftig;
er war höflich und doch innerlich ausgeglichen.

Kapitel VIII

VIII,1 Konfuzius sprach: »Von Tai-bo[100] kann man sagen, daß höchste Sittlichkeit sein Verhalten bestimmte. Dreimal hatte er Gelegenheit, die Macht zu bekommen, und dreimal verzichtete er darauf. Von seiner Anständigkeit machte er keinerlei Aufhebens, so daß er nicht einmal Lob dafür ernten konnte.«

VIII,2 Konfuzius sprach: »Höflichkeit, die weder Norm noch Grenze kennt, wird lästig.[101]
Ohne Norm und Grenze wird Vorsicht zu Furcht, Mut zu Auflehnung und Unordnung.
Aufrichtigkeit, die keinen Anstand kennt, wirkt verletzend. Wenn der Herrscher seine Umgebung behandelt, wie es sich ziemt, wird sich das Volk daran ein Beispiel nehmen und das Rechte tun. Wenn der Herrscher

die guten Traditionen nicht verwirft und alte Freunde
nicht vergißt, dann sind auch dem Volke Gemeinheit
und Niedertracht fremd.«

VIII,3 Als Zeng-zi krank war, rief er seine Schüler zu
sich und sprach: »Schaut auf meine Füße, schaut auf
meine Hände – sie sind unversehrt! Im ›Buch der Lieder‹
heißt es: ›Sei vorsichtig und achtsam, als stündet ihr vor
einem tiefen Abgrund, als ginget ihr auf dünnem Eis.‹

Von nun an weiß ich, daß ich meinen Körper vor
Schaden bewahren kann.«[102]

VIII,4 Als Zeng-zi krank war, kam Meng Jing-zi[103], um
sich nach seinem Befinden zu erkundigen.

Da sagte Zeng-zi zu ihm: »Ein sterbender Vogel klagt,
ein Mensch, der im Sterben liegt, spricht seine letzten
Worte.

Meine Worte sind: »Ein Mann von Rang und Würden[104] muß auf drei Dinge achten.

In seinem Benehmen sei er niemals grob oder unacht-
sam.

Sein Mienenspiel sei harmonisch und wecke Vertrauen.

In Wort und Stimme liege nichts Gemeines und Un-
gehöriges.

Er muß sich jedoch nicht selbst um alle Einzelfragen
und Kleinigkeiten kümmern.«[105]

VIII,5 Zeng-zi sprach: »Früher hatte ich einen Freund,
der so handelte:

Er hatte große Fähigkeiten, fragte aber auch die, die
weniger konnten.

Er wußte viel, lernte aber auch bei denen, die weniger
wußten.

Er war sich stets seiner Grenzen bewußt.

Voll von Wissen, hielt er sich dennoch für leer. Wurde er beleidigt, so störte ihn das wenig.«

VIII,6 Zeng-zi sprach: »Ein Mensch, dem man ein Waisenkind genauso anvertrauen kann wie das Schicksal eines Staates und der selbst bei großen äußeren Zwängen seinen Grundsätzen treu bleibt – ist der ein Edler?

Er ist ein Edler.«

VIII,7 Zeng-zi sprach: »Ein Gelehrter darf nicht engstirnig sein. Er braucht Ausdauer und Mut. Seine Pflicht ist schwer, sein Weg ist weit.

Sich der Pflicht widmen, die Tugend der Menschenliebe in der Welt zu verbreiten – ist das etwa nicht schwer?

Erst der Tod beendet sein Streben – ist dieser Weg etwa nicht weit?«

VIII,8 Konfuzius sprach: »Die Lieder erheben den Menschen.

Die Riten geben ihm Halt.

Die Musik macht ihn vollkommen.«

VIII,9 Konfuzius sprach: »Man kann dem Volk wohl Gehorsam befehlen, aber kein Wissen.«

VIII,10 Konfuzius sprach: »Mut und Kühnheit lieben und Armut verabscheuen – das schafft Aufruhr.

Menschen, die Unrechtes tun, zu sehr hassen – auch das schafft Aufruhr.«

VIII,11 Konfuzius sprach: »Und wenn jemand die wunderbaren Fähigkeiten und Talente des Zhou-gong[106] besäße – ist er eingebildet und geizig, so ist das übrige keines Blickes wert.«

VIII,12 Konfuzius sprach: »Selten trifft man jemanden, der drei Jahre lernt, ohne dabei an die Karriere zu denken.«

VIII,13 Konfuzius sprach: »Lerne voll Vertrauen in den rechten Weg, und bleibe ihm treu bis an dein Ende.

Betritt nicht ein Land, in dem unsichere Verhältnisse herrschen.

Bleibe nicht in einem Staat, worin Unordnung ist.

Herrscht Ordnung in der Welt, dann tu dich hervor, andernfalls halte dich zurück.

Geht ein Staat den rechten Weg und herrscht darin Ordnung, so ist es beschämend, wenn man arm und von geringem Ansehen ist.

Geht es hingegen in einem Staat nicht rechtens zu, dann ist es eine Schande, reich und angesehen zu sein.«

VIII,14 Konfuzius sprach: »Um die Ausübung eines Amtes kümmere sich nur, wer kompetent dafür ist.«[107]

VIII,15 Konfuzius sprach: »Als der Musikmeister Zhi sein Amt antrat, füllte der Schluß des Guan-Ju-Liedes das ganze Ohr.«

VIII,16 Konfuzius sprach: »Entschlossenheit zeigen, aber die Geradlinigkeit vermissen lassen,

dumm und zugleich uninteressiert sein,

selbst nichts wissen, aber auch zu anderen kein Vertrauen haben – dafür fehlt mir das Verständnis.«

VIII,17 Konfuzius sprach: »Lernt, als hättet ihr Angst, nichts zu erfassen, als fürchtet ihr, Wissen zu verlieren.«

VIII,18 Konfuzius sprach: »Wie groß und erhaben waren doch [die alten Kaiser] Shun und Yu![108]
Sie regierten die Welt, ohne an sich selbst zu denken, ohne Machtgier und Eigennutz.«

VIII,19 Konfuzius sprach: »Wie groß war Yao[109] als Herrscher, wie erhaben!
Der Himmel allein ist groß, Yao allein entsprach ihm. Welch unermeßliche Größe – das Volk vermochte nicht, dafür einen Namen zu finden.
Erhaben war, was er vollbrachte, großartig, wie er dem Leben Ordnung gab.«

VIII,20 [Der alte Kaiser] Shun hatte fünf Beamte, und unter dem Himmel war Ordnung.
König Wu[110] sprach: »Ich verfüge über zehn tüchtige Beamte.«
Konfuzius sprach: »Es heißt, fähige Leute seien schwer zu finden. Ist es denn nicht so?
Doch als [die Kaiser] Yao und Shun lebten, entfalteten sich die Fähigkeiten, blühten die Talente auf.
Was die zehn Beamten des Königs Wu betrifft: Hier war eine Frau darunter,[111] so daß es nur neun tüchtige Männer waren.
Wen, König der Zhou,[112] hatte bereits zwei Drittel des Reiches, als er immer noch der Dynastie der Yin treu diente.
Die Tugend der Zhou – das ist wahre Sittlichkeit.«

VIII,21 Konfuzius sprach: »Am [alten Kaiser] Yu kann ich keinen Makel finden. Er war maßvoll in Speise und Trank, hingegen brachte er den Geistern reichlich Opfer.

Seine Kleidung war einfach, die Opfergewänder hingegen kostbar. Er selbst wohnte in einem schlichten Haus, denn er bot alle Kräfte für das Gemeinwohl auf.[113]

An Yu kann ich wirklich keinen Makel finden.«

Kapitel IX

IX,1 Gewinn, Schicksal und Menschenliebe – darüber sprach der Meister von sich aus nur selten.[114]

IX,2 Ein Mann aus Da-xiang sagte: »Meister Kong ist wahrlich ein bedeutender Mensch! Er hat großes Wissen, aber leider kein besonderes Talent, das ihn berühmt machen würde.«

Konfuzius hörte das und sprach zu den Schülern: »Was soll ich also tun? Soll ich mich mit der Kunst des Wagenlenkens beschäftigen oder mit dem Bogenschießen?

Ich denke, ich werde mich mit dem Wagenlenken beschäftigen.«[115]

IX,3 Konfuzius sprach: »Bei den rituellen Zeremonien ist eigentlich eine Kopfbedeckung aus Leinen zu tragen. Heute benutzt man dafür schwarze Seide. Das ist sparsamer – hier folge ich der Allgemeinheit.

Das Ritual schreibt vor, daß der Herrscher bereits vor den Stufen zur Ahnenhalle mit ehrerbietiger Verneigung begrüßt wird. Heute begrüßt man ihn erst, nachdem er schon zur Halle emporgestiegen ist – das ist anmaßend. Auch wenn ich der Allgemeinheit zuwider handele – ich halte hierbei an den alten Bräuchen fest.«

IX,4 Von vier Dingen war der Meister völlig frei: Er war frei von Voreingenommenheit, von Absolutheit, die keinen Zweifel zuläßt, von Starrsinn und von Egoismus.

IX,5 Als der Meister in Kuang[116] um sein Leben bangen mußte, sprach er:

»König Wen[117] lebt nicht mehr – sind die Prinzipien von Sitte und Ordnung da nicht mir anvertraut?

Wollte der Himmel, daß sie untergehen, dann wären sie mir nicht anvertraut worden. Will der Himmel das aber nicht, was können mir da die Leute von Kuang anhaben?«[118]

IX,6 Der Premierminister[119] fragte Zi-gong: »Ist euer Meister nicht weise und vollkommen? Wieso hat er nur so viele Fähigkeiten und Talente?«

Zi-gong antwortete: »Es ist unbestritten der Himmel, der ihn weise und vollkommen werden ließ, und deshalb hat er auch vielerlei Fähigkeiten.«

Der Meister – dies hörend – meinte: »Kennt mich denn der Premierminister? Ich hatte eine harte Jugend. Deshalb mußte ich viele gewöhnliche Dinge lernen, die nicht der Bewunderung wert sind. Aber gehört es denn unbedingt zu einem Edlen, daß er vielerlei kann? Darauf kommt es doch gar nicht an.«

IX,7 [Der Schüler] Lao[120] sprach: »Der Meister hat gesagt: ›Da ich nicht für den Staatsdienst gebraucht wurde, habe ich mir einige Fertigkeiten angeeignet.‹«[121]

IX,8 Konfuzius sprach: »Weiß ich viel? Nein, durchaus nicht. Ein ganz gewöhnlicher Bauer fragt mich etwas, und ich fühle mich bei seiner Frage wie leer. Aber ich betrachte das Problem von allen Seiten und beantworte ihm die Frage, so gut es nur geht.«

IX,9 Konfuzius sprach: »Der Phönix[122] kommt nicht, der Fluß sendet keine Zeichen.[123]
Ich fürchte, es ist aus mit mir.«[124]

IX,10 Sah der Meister einen Menschen in Trauerkleidung oder im Festgewand oder sah er einen Blinden, dann erhob er sich, selbst wenn derjenige jünger war. Unterwegs begegnete er ihm mit Achtung und Anstand.

IX,11 Yan Hui sprach, vor Bewunderung seufzend: »Je mehr ich emporblicke, desto höher wird es. Je mehr ich mich hineinbohre, desto undurchdringlicher wird es. Ich sehe es zum Greifen nah vor mir, doch plötzlich entrückt es in den Hintergrund. Wenn auch seine Lehre so schwer faßbar ist – der Meister vermag es, die Menschen in seinen Bann zu ziehen, sie Schritt für Schritt zu führen.

Durch Bildung erweitert er mein Wissen; er lehrt mich, mein Verhalten durch die Vorschriften des Rituals und der Schicklichkeit zu kultivieren.

Und wollte ich es auch, ich könnte einfach nicht aufhören, weiter in seine Lehre einzudringen.

Nachdem ich meine ganze Kraft aufgeboten hatte, schien es, als stünde alles klar vor mir. Aber wenn ich auch hinstrebe, erreichen kann ich es doch nicht.«

IX,12 Als der Meister schwer erkrankt war, wollte Zilu, daß die Schüler wie Diener und Beamte fungieren

sollten, daß sie wie diese für Vorbereitung und Ablauf
der Totenfeier sorgen sollten, um ihr dadurch ein fürst-
liches Gepräge zu geben.

Als die Krankheit nachließ und der Meister auf dem
Wege der Besserung war, sagte er: »Schon lange ist Zi-lu
darauf aus, etwas vorzutäuschen.

Keine Beamten und Minister haben, aber so tun, als
hätte man welche – wen könnten wir denn damit täuschen? Den Himmel etwa?

Und außerdem: In den Armen von Dienern sterben?
Sollte ich es da nicht vorziehen, in den Armen meiner
Schüler zu sterben?

Auch wenn ich kein großes Begräbnis erhalte, sterbe
ich deshalb etwa auf der Straße?«

IX,13 Zi-gong sprach: »Ich habe hier einen wunder-
schönen Edelstein. Soll ich ihn in ein Kästchen legen und
dort aufbewahren? Oder soll ich einen Händler suchen
und ihn für einen guten Preis verkaufen?«

Konfuzius antwortete: »Verkaufe ihn! Verkaufe ihn!
Doch auf den Händler würde ich warten.«[125]

IX,14 Der Meister wollte sich bei den Barbaren nieder-
lassen.

Jemand sagte: »Wie kann man so etwas nur tun? Sie
sind doch so unkultiviert.«

Konfuzius meinte aber: »Wenn ein Edler dort lebt,
wie könnte es da noch unkultiviert zugehen?«

IX,15 Konfuzius sprach: »Nachdem ich aus dem Staate
Wei in den Staat Lu zurückgekehrt war,[126] wurde die
Musik geordnet, erhielten die Festgesänge und die Lob-
gesänge wieder den rechten Platz.«[127]

IX,16 Konfuzius sprach: »Im Staate der Obrigkeit, in der Familie dem Vater und dem älteren Bruder dienen!

Gewissenhaft gegenüber den Verstorbenen sein und alle Pflichten bei Begräbnis und Trauer erfüllen!

Sich nicht vom Wein überwältigen lassen!

Was davon gelingt mir schon?«

IX,17 Der Meister stand am Fluß und sprach: »Wie dieses Wasser, so fließt alles dahin.

Unaufhaltsam ist der Wechsel von Tag und Nacht, so geht die Zeit vorüber.«

IX,18 Konfuzius sprach: »Ich habe noch niemanden gesehen, der innere Werte genauso liebt wie äußere Schönheit.«[128]

IX,19 Konfuzius sprach: »Lernen ist wie das Anhäufen von Erde. Ist der Hügel fast fertig, bis auf einen einzigen Korb Erde, und ich höre auf, so ist das ein Stillstand, den ich selbst verschuldet habe. Wenn ich aber erst beginne und gerade einen einzigen Korb Erde hingeschüttet habe, mich aber weiterhin abmühe – das ist ein Fortschreiten, das ich selbst zuwege bringe.«[129]

IX,20 Konfuzius sprach: »Das war Yan Huis Art. Unterhielt man sich mit ihm, dann hörte er stets aufmerksam zu. Niemals wurde er müde und unkonzentriert.«

IX,21 Der Meister kam auf Yan Hui zu sprechen: »Leider ist er gestorben. Ich habe ihn stets nur vorwärts gehen sehen. Niemals sah ich ihn bei Erreichtem stehenbleiben.«

IX,22 Konfuzius sprach: »Manches keimt und wächst, kommt aber nicht zur Blüte.

Manches blüht, bringt aber keine Früchte.«

IX,23 Konfuzius sprach: »Gegenüber einem jüngeren Menschen kann man sich unsicher fühlen. Wie wollen wir denn heute wissen, ob er uns nicht in Zukunft übertreffen wird?

Ist jedoch jemand inzwischen vierzig, fünfzig Jahre alt geworden und hat sich immer noch keinen Namen gemacht, dann braucht man vor ihm keine Scheu zu haben.«

IX,24 Konfuzius sprach: »Ernste Ermahnungen – wer würde ihnen nicht zustimmen? Aber Zustimmung allein genügt nicht. Das Verhalten danach zu ändern und Fehler zu korrigieren – darauf kommt es an.

Nette Worte – wer freut sich nicht über sie? Aber ihren eigentlichen Sinn zu verstehen – das ist wichtig.

Sich an netten Worten zu erfreuen, ohne ihren Sinn zu begreifen, Ermahnungen zuzustimmen, ohne das Verhalten zu ändern – mit einem Menschen, der sich so verhält, kann ich nichts anfangen.«

IX,25 Konfuzius sprach: »Sei immer treu, zuverlässig und aufrichtig.

Habe keine Freunde, die deiner nicht würdig sind.

Wenn du Fehler gemacht hast, dann scheue dich nicht, sie zu korrigieren.«

IX,26 Konfuzius sprach: »Einer Armee kann man den Führer nehmen, aber nicht einem einfachen Manne seinen Willen.«

IX,27 Konfuzius sprach: »Das bringt Zi-lu fertig: Er schämt sich nicht, wenn er neben einem Menschen mit kostbarem Pelz steht und selbst nur ärmliche, abgenutzte Kleidung trägt.

Im ›Buch der Lieder‹ heißt es: ›Wer nicht neidisch und nicht habgierig ist, wie kann er Unrechtes tun?‹«

Zi-lu sprach diese Worte von da an ständig vor sich hin.

Da sagte der Meister: »Kann man etwa allein dadurch gut und tugendhaft werden?«

IX,28 Konfuzius sprach: »Erst in der kalten Jahreszeit merkt man, daß Kiefern und Zypressen immergrün sind.«

IX,29 Konfuzius sprach: »Der Weise ist frei von Zweifeln. Der Sittliche ist voll Zuversicht. Der Mutige ist ohne Furcht.«

IX,30 Konfuzius sprach: »Wer gemeinsam lernen kann, muß nicht unbedingt auch gemeinsam den rechten Weg finden.

Weggefährten, die sich von den gleichen Grundsätzen leiten lassen, müssen noch nicht in gleicher Festigkeit zu ihnen stehen.

Selbst gleiche Festigkeit heißt noch nicht, daß man auch im konkreten Falle und unter konkreten Umständen übereinstimmend handelt.«

IX,31 In einem alten Lied heißt es:

> »Ich sehe, wie sich die Blüten neigen.
> Wie sollte ich deiner nicht gedenken!
> Doch du bist so fern.«

Konfuzius bemerkte dazu: »Das ist kein wahres Gedenken, kein echtes Sehnen. Dies nämlich kennt keine Ferne.«

Kapitel X[130]

X,1 In seinem Heimatort verhielt sich Konfuzius besonders höflich und so zurückhaltend, als könne er nicht sprechen. Im fürstlichen Ahnentempel und bei Hofe redete er unbefangen, aber er wählte seine Worte mit Bedacht.

X,2 Wenn Konfuzius bei Audienzen am Hofe mit zweitrangigen Amtsträgern sprach, hatte er einen ungezwungenen Ton.
Im Gespräch mit hohen Amtsträgern verhielt er sich besonders höflich.
In Anwesenheit des Herrschers war er voll Ehrfurcht und angemessener Würde.

X,3 Immer, wenn Konfuzius auf Geheiß des Herrschers einen Staatsgast empfangen sollte, veränderte sich sein Gesichtsausdruck, seine Miene wurde ernst, seine Schritte flüchtiger.
Er verbeugte sich vor denen, die neben ihm standen, und grüßte mit zusammengelegten Händen nach rechts und links. Dabei achtete er darauf, daß seine Kleidung nicht in Unordnung geriet.
Er bewegte sich, als würde er schweben – einem Vogel gleich, der die Flügel ausstreckt.
Hatte sich der Besuch verabschiedet, meldete Konfuzius: »Der Gast blickt sich nicht mehr um.«

X,4 Wenn er durch das Palasttor trat, so lief er etwas gebeugt, als befürchte er, nicht hindurchzupassen.
Er blieb nicht in der Mitte des Tores stehen, und niemals trat er auf die Schwelle.

Kam er am Thron vorbei, so veränderte sich sein Gesichtsausdruck. Seine Miene wurde ernst, seine Schritte wurden flüchtiger. Seine Stimme wurde leiser – als fehle ihm die Kraft zum Reden.

Sorgfältig hob er sein Gewand an, wenn er zur Audienzhalle emporstieg. Er ging achtungsvoll gebeugt und wagte kaum zu atmen. Wenn er dann aus der Audienzhalle wieder heraustrat und die Stufen herabstieg, entspannte sich sein Gesicht. Konfuzius machte dann einen frohen, zufriedenen Eindruck.

Schnellen Schrittes ging er weiter. Seine Gestalt schien zu schweben, einem Vogel gleich, der seine Flügel ausstreckt.

Er kehrte an seinen Platz zurück – voller Ehrfurcht.

x,5 War Konfuzius als Gesandter unterwegs, so hatte er das Zepter seines Herrschers zu tragen. Dabei nahm er eine ehrfürchtig gebeugte Haltung ein – so, als fehle es ihm an Kraft.

Er hielt das Zepter nur bis zu der Höhe, in der sich bei der Verbeugung die zusammengelegten Hände befinden – keinesfalls höher; er hielt es aber auch nicht tiefer als bis zu der Höhe, in der sich die Hände befinden, wenn ein Geschenk überreicht wird.

Seine Miene zeigte Ehrfurcht, seine Schritte waren langsam und gemessen.

Mit freundlichem Gesicht überreichte er die mitgeführten Geschenke.

Wurde ihm Privataudienz gewährt, gab er sich froh und zufrieden.

x,6 Der Edle trug keine Kleidung mit grellen, auffallenden Farben. Hellrot und Purpur nahm er nicht einmal für seine gewöhnlichen Hauskleider.

In der heißen Jahreszeit zog er ein ungefüttertes Gewand aus feinem oder grobem Leinen über.

Schwarzes Lammfell trug er bei schwarzer Kleidung, Rehpelz bei weißem und Fuchspelz bei gelbem Gewand.

Zu Hause hatte er lange Pelzkleider an, an denen der rechte Ärmel etwas kürzer war. Beim Schlafen benutzte er eine Bettdecke von anderthalbfacher Körperlänge.

Dicke Fuchs- oder Dachsfelle dienten ihm zum Sitzen.

Schmuckstücke jeglicher Art konnte er tragen – außer in Zeiten der Trauer.

Für gewöhnliche Gewänder nahm man weniger Stoff als für Festkleidung[131], welche weit getragen wurde.

Bei Kondolenzbesuchen trug er keinen schwarzen Lammpelz und auch keine dunkle Kopfbedeckung.

Am ersten Tag eines jeden Monats zog er seine Festkleidung an und machte bei Hofe seine Aufwartung.

x,7 Zur Fastenzeit war er stets auch äußerlich rein; er trug saubere Kleidung aus Leinen.

Er aß nicht das, was er üblicherweise zu sich nahm. Auch schlief er in dieser Zeit nicht bei seiner Frau.[132]

x,8 Er hatte nichts gegen sehr feinen Reis und kleingehacktes Fleisch. Reis, der übel schmeckte, sauer geworden oder schimmelig war, verdorbenen Fisch und altes Fleisch – alles das aß er nicht. Wenn eine Speise ihr normales Aussehen verdächtig verändert hatte, aß er nicht, wenn sie übel roch oder wenn sie nicht gar war, aß er nicht. Er aß nur, was der Jahreszeit entsprach. Stammte etwas von Tieren, die nicht nach der richtigen Art geschlachtet und zerkleinert worden waren, aß er davon nichts. Wenn ein Gericht nicht mit der dazugehörigen Soße serviert wurde, aß er nicht. Selbst wenn er viel Fleisch nahm – er nahm niemals so viel, daß es mehr war als der Reis, zu dem es gegessen wurde. Nur beim Wein setzte er sich kein bestimmtes Maß, er ließ es aber nicht so weit kommen, daß sich sein Geist verwirrte. Wein und Dörrfleisch vom Markt genoß er nicht. Stets hatte er Ingwer zum Essen, aber er nahm nicht viel davon.

X,9 Fleisch von der großen Opferzeremonie des Herrschers bewahrte er nicht über Nacht auf. Anderes Opferfleisch ließ er nicht länger als drei Tage liegen.[133] Was über drei Tage alt war, wurde nicht gegessen.

X,10 Beim Essen führte er keine Unterhaltung. Im Bett redete er nicht.

X,11 Auch wenn er nur einfachen Reis und Gemüsesuppe hatte, nahm er ein wenig von seiner Speise, um es als Opfer darzubringen. Es war wie ein symbolisches Fasten.

X,12 Er setzte sich nicht auf die Matte, wenn sie nicht glatt und gerade lag.

X,13 Saß er mit Leuten aus der Nachbarschaft beim Mahl, dann wartete er, bis die Alten aufgestanden und gegangen waren. Dann erst ging auch er.

X,14 Wenn sich die Nachbarn zur Vertreibung der bösen Geister und Dämonen versammelten, dann stand er festlich gekleidet auf der östlichen Treppe seines Hauses und hieß sie willkommen.

X,15 Wollte er durch einen Boten Grüße übermitteln lassen, dann verbeugte er sich zweimal, wenn er den Überbringer der Grüße auf den Weg geleitete.

X,16 Als Ji Kang-zi[134] dem Konfuzius Medizin sandte,
verbeugte er sich und nahm sie entgegen. Dann sagte er:
»Ich weiß nicht genau, was es mit dieser Medizin auf
sich hat. Deshalb wage ich es nicht, sie zu kosten.«

X,17 Als Konfuzius einmal bei Hofe war, brannte sein
Pferdestall ab. Nach seiner Rückkehr fragte er: »Sind
Menschen zu Schaden gekommen?« Nach den Pferden
erkundigte er sich nicht.

X,18 Schickte ihm der Herrscher eine bereits fertig zu-
bereitete Speise, so rückte er die Matte gerade und ko-
stete zunächst. Schickte er ihm rohes Fleisch, so wurde
es gekocht und den Ahnen dargebracht. Schickte ihm der
Herrscher ein lebendes Tier, so behielt er es und gab ihm
Futter.[135]
War er geladen, am Mahl des Herrschers teilzuneh-
men, so achtete er sehr auf Anstand und Etikette.

X,19 Als Konfuzius krank war und der Herrscher ihn
besuchte, lag er mit dem Kopf gen Osten.[136] Sein Hofge-
wand samt Gürtel hatte er über sich gelegt.

X,20 Wenn der Herrscher ihn zu sich rief, wartete er
nicht, bis die Pferde angespannt waren, sondern ging sofort los.

X,21 Wenn er den großen Ahnentempel betrat, fragte
er nach jeder Einzelheit, nach allem, was zu Ritual und
Zeremonie gehört.[137]

X,22 Als ein Freund gestorben war, der keine Angehö-
rigen hatte, sprach Konfuzius: »Ich begrabe ihn.«

X,23 Machte ihm jemand ein Geschenk, so verbeugte er sich nicht, selbst wenn es Pferd und Wagen waren. Dies tat er nur bei Opferfleisch.

X,24 Im Bette lag er nicht steif wie eine Leiche.
Zu Hause verhielt er sich im allgemeinen durchaus nicht so förmlich wie etwa dann, wenn er einen Gast empfing oder selbst zu Gast war.

X,25 Begegnete er jemandem in Trauerkleidung, so verhielt er sich würdevoll und feierlich, und zwar auch dann, wenn es sich um einen Menschen handelte, mit dem er sehr vertraut war.
Begegnete er einem Blinden oder jemandem mit einer Kopfbedeckung, wie man sie bei Hofe trägt, so verhielt er sich jedesmal besonders höflich, und zwar auch dann, wenn er ihn mehrmals am Tage sah.
Fuhr er im Wagen und sah dabei Menschen in Trauerkleidung, dann beugte er sich nach vorn bis zum Querbalken, so sein Mitgefühl ausdrückend.
Gleiches tat er, wenn er vom Wagen aus einen Träger des Staatssiegels erblickte.
Bei einem opulenten Mahl änderte sich sein Gesichtsausdruck, und er erhob sich.[138]
Auch bei einem plötzlichen Donnerschlag oder bei heftigem Wind änderte er seinen Gesichtsausdruck.[139]

X,26 Wollte er auf den Wagen steigen, so stand er zunächst gerade und aufrecht, die Zügel in der Hand. Erst dann stieg er auf.
Auf dem Wagen stehend, blickte er sich nicht um, redete nicht hastig und zeigte nicht mit den Fingern.

X,27 Konfuzius ging spazieren. Dabei sah er eine Schar wilder Vögel. Sie stiegen auf, flogen einen Kreis und ließen sich wieder nieder. Da sagte der Meister:
»Diese Fasanenhennen bei der Brücke dort am Berg – es ist jetzt ihre Zeit, ja, es ist jetzt ihre Zeit.«[140]
Zi-lu schlug die Hände zusammen; die Vögel schlugen mehrmals mit den Flügeln, erhoben sich und flogen fort.

Kapitel XI

XI,1 Konfuzius sprach: »Wer sich zunächst mit den Riten und Umgangsformen sowie mit der Musik vertraut macht, um dann Beamter zu werden, ist ein einfacher Mann. Der aber, welcher erst den Posten hat und dann lernt, kommt aus der Schicht der Herrschenden. Ich würde mich für den entscheiden, der erst lernen muß.«

XI,2 Konfuzius sprach: »Von denen, die mir in Chen und Cai folgten, ist keiner mehr hier.«[141]

XI,3 Die Schüler des Konfuzius hatten ihre Talente und Fähigkeiten auf verschiedenen Gebieten.
Durch besondere moralische Qualitäten zeichneten sich Yan Hui, Min Zi-qian, Ran Bo-niu und Zhonggong aus.
Rhetorisch begabt waren Zai Wo und Zi-gong.
In allen Fragen von Politik und Verwaltung waren Ran Qiu und Zi-lu versiert.
In den alten Schriften kannten sich Zi-you und Zi-xia besonders gut aus.

XI,4 Konfuzius sprach: »Was ich auch sage, Yan Hui ist sofort damit einverstanden. So hilft er mir nicht.«

XI,5 Konfuzius sprach: »Min Zi-qian ist fürwahr ein Mann von Pietät, Achtung und Gehorsam. Denn andere sprechen genauso über ihn wie seine Eltern und Brüder.«

XI,6 »Der Fleck am weißen Nephrit – er läßt sich wegschleifen. Unschöne Worte hingegen sind nicht zu tilgen.« – Diesen Vers aus dem »Buch der Lieder« wiederholte der Schüler Nan Rong häufig. Konfuzius gab ihm die Tochter seines älteren Bruders zur Frau.[142]

XI,7 Ji Kang-zi fragte Konfuzius, wer von seinen Schülern sehr lerneifrig sei.
Konfuzius antwortete: »Yan Hui liebte das Lernen. Leider ist er früh gestorben. Einen wie Yan Hui gibt es heute nicht mehr.«

XI,8 Als Yan Hui gestorben war, bat dessen Vater Yan Lu Konfuzius, er möge doch seinen Wagen verkaufen, damit Yan Hui in einem schweren Prunksarg begraben werden könne.
Konfuzius aber sprach: »Jedem steht der eigene Sohn am nächsten, ob er nun begabt war oder unbegabt.
Als mein Sohn Li starb, hatte er auch nur einen einfachen Sarg und keinen Prunksarg.[143] Ich kann doch nicht für ein prunkvolles Begräbnis den Wagen verkaufen und zu Fuß gehen. Denn wenn ich im öffentlichen Leben stehe, geht es nicht an, daß ich ohne Wagen bin.«[144]

XI,9 Als Yan Hui starb, sprach Konfuzius: »O weh! Der Himmel ist gegen mich! Der Himmel ist gegen mich!«

XI,10 Als Yan Hui starb, brach Konfuzius vor
Schmerz in Tränen aus. Seine Schüler sprachen zu ihm:
»Ihr seid zu sehr von Kummer ergriffen.«

Doch der Meister antwortete: »Zu sehr? Wollte ich
Yan Hui nicht beweinen, wen dann?«

XI,11 Als Yan Hui gestorben war, wollten ihn die
Schüler des Meisters sehr prunkvoll beerdigen. Konfuzius war dagegen, aber seine Schüler taten es dennoch.

Daraufhin sagte der Meister: »Yan Hui, du hast mich
wie deinen Vater angesehen, doch ich konnte dich jetzt
nicht wie einen Sohn behandeln. Das lag aber an meinen
Schülern.«

XI,12 Zi-lu fragte, wie man Geistern dienen solle.

Konfuzius antwortete: »Wer nicht den Menschen zu
dienen versteht, wie kann der den Geistern dienen?«

Dann fragte Zi-lu nach dem Tode, und der Meister
gab zur Antwort: »Wer noch nicht das Leben kennt, wie
will der wohl den Tod begreifen?«

XI,13 Min Zi-qian stand höflich und korrekt neben
Konfuzius; Zi-lus Haltung drückte Mut und Kühnheit
aus, Ran Qiu und Zi-gong blickten offen und frei.

Der Meister freute sich über sie. Er sagte jedoch: »Wer
wie Zi-lu ist, mit dem nimmt es kein gutes Ende.«

XI,14 In Lu sollte die Schatzkammer neu gebaut werden.[145] Min Zi-qian meinte:

»Wie wäre es, wenn man sie in der alten Form errichten würde? Muß man denn die Schatzkammer unbedingt
anders bauen?«

Konfuzius seinerseits bemerkte dazu:

»Gewöhnlich bekommt dieser Mann den Mund nicht
auf. Spricht er aber, dann trifft er ins Schwarze.«

XI,15 Konfuzius sprach: »Was sucht Zi-lu mit diesem unpassenden Lautenspiel vor meiner Tür?«[146]

Ob dieses Tadels wurde Zi-lu von den Schülern geringschätzig behandelt. Der Meister aber meinte: »Er hat schon viel gelernt, er ist nur noch nicht tief genug eingedrungen.«

XI,16 Zi-gong fragte den Meister, wer von beiden dem anderen überlegen sei, Zi-zhang oder Zi-xia?

Konfuzius antwortete: »Zi-zhang geht über das rechte Maß hinaus, Zi-xia jedoch erreicht es nicht.«

Daraufhin meinte Zi-gong: »Dann ist wohl Zi-zhang der Überlegene?«

Der Meister erwiderte: »Zuviel ist ebenso falsch wie zuwenig.«

XI,17 Das Haupt der Aristokratenfamilie Ji war noch reicher als der dem König unmittelbar nahestehende Hochadel. Ran Qiu[147] trieb für ihn die Steuern ein und vermehrte so seinen Reichtum.

Konfuzius bemerkte: »Dieser Ran Qiu hat nichts mehr mit uns zu tun. Ihr, meine Schüler, könnt die Trommeln schlagen und ihn angreifen.«

XI,18 Konfuzius sprach: »Zi-gao ist ein Tor, Zeng Shen ist ungebildet, Zi-zhang spontan und einseitig in seinem Urteil und Zi-lu grob und unhöflich.«

XI,19 Konfuzius sprach: »Yan Hui ist hinsichtlich des Wissens und der Moral beinahe schon vollkommen, aber er ist oft in Not. Zi-gong hingegen nahm nicht den Willen des Himmels in sich auf,[148] aber seine Reichtümer mehren sich, und immer trifft er ins Schwarze.«

XI,20 Zi-zhang fragte Konfuzius, welchen Weg der gute, tugendhafte Mensch gehen solle.

Der Meister antwortete: »Wer nicht in den Spuren anderer wandelt, kommt nicht ans Ziel.«

XI,21 Konfuzius sprach: »Heißt es von einem Menschen, er sei stets ehrlich und aufrichtig, dann müssen wir uns fragen, ob er wirklich ein Edler ist oder ob er nur den Schein eines anständigen Menschen erweckt.«

XI,22 Zi-lu fragte den Meister, ob er das, was er über die Grundsätze des rechten, sittlichen Verhaltens gehört habe, auch sofort anwenden solle.

Konfuzius antwortete ihm: »Du hast doch Eltern und Brüder. Wie kannst du also sofort danach handeln wollen?«

Ran Qiu fragte den Meister, ob er das, was er über die Grundsätze des rechten, sittlichen Handelns gehört habe, auch sofort anwenden solle. Ihm aber antwortete Konfuzius: »Führe aus, was du gehört hast.«

Gong-xi Hua[149] stellte verwundert fest, daß der Meister die Frage, ob man das, was man über die Grundsätze des rechten, sittlichen Verhaltens gehört habe, auch sofort anwenden solle, höchst unterschiedlich beantwortet hatte. »Das verwirrt mich!« sprach er. »Darf ich um Erläuterung bitten?«

Der Meister erwiderte: »Ran Qiu ist ein Mensch, der sich nur zögernd zum Handeln entschließt. Deshalb ermutige ich ihn. Zi-lu ist ein Draufgänger. Deshalb halte ich ihn zurück.«

XI,23 Konfuzius wurde in Kuang angegriffen und war in großer Gefahr.[150] Yan Hui war unterwegs zurückgeblieben.

Nachdem er wieder herangekommen war, meinte Konfuzius: »Ich hatte schon geglaubt, du wärst umgekommen.«

Yan Hui aber erwiderte: »Ihr, Meister, seid am Leben. Wie könnte ich da zu sterben wagen?«

XI,24 Ji Zi-ran [aus der mächtigen Aristokratenfamilie der Ji] fragte, ob man Zi-lu und Ran Qiu als bedeutende Staatsmänner bezeichnen könne.

Konfuzius erwiderte: »Ich glaubte, es ginge um außergewöhnliche Leute, nicht bloß um diese beiden. Wer es verdient, als bedeutender Staatsmann bezeichnet zu werden, der dient dem Herrscher nur auf dem rechten Weg. Und findet er, daß dies nicht möglich ist, dann tritt er zurück.

Was nun Zi-lu und Ran Qiu angeht, so kann man sagen, daß sie einfach Diener sind.«

»Heißt das«, so fragte Ji Zi-ran erneut, »daß sie allem nachkommen, was ihnen aufgetragen wird?«

Dazu meinte Konfuzius: »Wenn es um den Mord an ihrem Vater oder am Herrscher ginge, würden sie wohl doch die Gefolgschaft aufkündigen.«

XI,25 [Der Schüler] Zi-gao wurde durch Zi-lu [einen anderen Schüler] zum Präfekten von Bi ernannt.

Konfuzius meinte dazu: »Damit verdirbst du fremder Leute Sohn.«

Zi-lu rechtfertigte sich: »Er hat dort Land und Leute zu regieren. Warum muß man unbedingt Bücher lesen, um etwas zu lernen?«

Doch der Meister erwiderte: »Wegen solcher Art Ausreden erregen zungenfertige Leute deines Schlages meinen Widerwillen.«

XI,26 [Die Schüler] Zi-lu, Zeng Xi, Ran Qiu und Gong-xi Hua [Zi-hua] saßen in einer Runde mit dem Meister. Da sprach Konfuzius: »Vergeßt einmal, daß ich älter bin als ihr. Ihr sagt immer, ich würde verkannt. Nehmen wir an, ihr würdet anerkannt und bekämt ein öffentliches Amt, was würdet ihr dann tun?«

Zi-lu antwortete, ohne zu zögern: »Nehmen wir an: Ein kleiner Staat von tausend Kriegswagen ist von gro-ßen, mächtigen Staaten umgeben. Von außen wird er durch fremde Heere bedroht; im Innern herrscht Hun-ger. Hätte ich diesen Staat zu regieren, so würde es drei Jahre dauern, und die Menschen könnten wieder Mut haben und wüßten, wie es weitergeht.«

Konfuzius lächelte. Er wandte sich dann an Ran Qiu: »Und wie steht es mit dir?«

Ran Qiu antwortete: »Hätte ich ein Gebiet zu regie-ren, dessen Grenzen nach allen vier Richtungen eine Länge von sechzig oder siebzig li[151] oder auch nur von fünfzig, sechzig li haben – binnen drei Jahren hätten die Menschen reichlich zum Leben. Was allerdings die Pflege der Riten und Umgangsformen sowie der Musik betrifft, so müßte man schon warten, bis einer kommt, der mehr vermag als ich.«

Konfuzius wandte sich nun an Gong-xi Hua: »Und was meinst du?«

Gong-xi Hua antwortete: »Ich möchte festlich geklei-det im Ahnentempel oder bei diplomatischen Anlässen assistieren. Ich sage nicht, daß ich das schon kann, aber lernen möchte ich es.«

Schließlich fragte der Meister auch Zeng Xi. Dieser verlangsamte sein Lautenspiel. Er ließ die Laute verklin-gen und legte sie zur Seite. Dann stand er auf und sprach: »Meine Wünsche unterscheiden sich etwas von denen der drei anderen.«

»Was schadet das?« meinte Konfuzius. »Jeder sage frei heraus, was er möchte.«

Zeng Xi fuhr fort: »Gern würde ich im späten Frühling, wenn man leichtere Kleidung trägt, mit anderen im Flusse baden, mich von einer kühlenden Brise umfächeln lassen und schließlich singend heimwärts ziehen.«

Konfuzius sprach seufzend: »Ich stimme mit Zeng Xi überein.«

Die drei anderen gingen hinaus, nur Zeng Xi blieb zurück. Er wollte die Meinung des Meisters über die Wünsche der anderen erfahren. Konfuzius gab zur Antwort: »Es sagte eben jeder, was er möchte.«

»Aber«, so Zeng Xi, »warum habt Ihr über Zi-lu gelächelt?«

Konfuzius sprach: »Um einen Staat zu regieren, muß man das Ritual der Herrschaft und des Anstands kennen. Seine Worte aber waren unbescheiden. Deshalb lächelte ich über ihn.«

Daraufhin meinte Zeng Xi: »Hat aber Ran Qiu nicht auch vom Regieren eines Staates gesprochen?«

»Gewiß doch«, sagte der Meister, »denn wo gibt es ein Gebiet, dessen Grenzen sechzig bis siebzig oder fünfzig bis sechzig li betragen und das kein Staat wäre?«

»Und Gong-xi Hua, hat er nicht auch von einem Staat gesprochen?«

Darauf der Meister: »Einen fürstlichen Ahnentempel und diplomatische Anlässe – wo gibt es das sonst als bei einem Staat? Gong-xi Hua kennt sich im Ritual, in den Sitten und feierlichen Bräuchen, gut aus. Wenn er nur assistieren will, wer sollte dann ein hoher Würdenträger sein?«

Kapitel XII

XII,1 Yan Hui wollte wissen, was sittliches Verhalten[152] sei.

Konfuzius antwortete ihm: »Sich selbst überwinden, die eigenen Wünsche und Begierden bezwingen, sich von Anstand, Höflichkeit und guten Sitten leiten lassen, das ist sittliches Verhalten. Wer nur einen Tag so handelt, wird schon von allen ob seines guten Verhaltens gelobt. Es hängt von uns selbst ab, das Rechte zu tun. Oder muß man sich dabei etwa auf andere verlassen?«

Yan Hui bat um eine Erläuterung. Da sprach Konfuzius: »Was sittenwidrig ist, darauf schaue nicht und das höre nicht; so etwas sage weder, noch tue es.«

Yan Hui erwiderte: »Obwohl ich etwas unbeholfen bin, werde ich mich bemühen, nach Euren Worten zu handeln.«

XII,2 Ran Qiu wollte wissen, was sittliches Verhalten sei.

Konfuzius antwortete ihm: »Begegne den Menschen mit der gleichen Höflichkeit, mit der du einen teuren Gast empfängst.

Behandle sie mit der gleichen Achtung, mit der das große Opfer dargebracht wird.

Was du selbst nicht wünschst, das tue auch anderen nicht an.

Dann wird es keinen Zorn gegen dich geben – weder im Staat noch in deiner Familie.

Ran Qiu erwiderte: »Obwohl ich etwas unbeholfen bin, werde ich mich bemühen, nach Euren Worten zu handeln.«

XII,3 Si-ma Niu[153] fragte, was sittliches Verhalten sei.

Konfuzius sprach: »Wer sich durch sittliches Verhalten auszeichnet, wählt seine Worte mit Bedacht.«

Si-ma Niu sagte: »Mit Bedacht reden – das soll sittliches Verhalten sein?«

Der Meister antwortete mit einer Gegenfrage: »Das Handeln ist so schwierig; darf da das Reden unbedacht sein?«

XII,4 Si-ma Niu fragte, was einen Edlen kennzeichne.

»Der Edle kennt weder Sorge noch Furcht«, sprach der Meister.

Si-ma Niu sagte: »Wer ohne Sorge und Furcht ist, den nennt man einen Edlen?«

Der Meister antwortete mit einer Gegenfrage: »Wenn einer sich selbst prüft und dabei nichts Böses entdeckt – warum sollte er da in Angst und Sorge leben?«

XII,5 Si-ma Niu sprach traurig: »Alle anderen haben Brüder, nur ich nicht.«

Zi-xia entgegnete: »Ich habe gehört, Tod und Leben haben ihre Bestimmung, Reichtum und Ansehen hängen vom Willen des Himmels ab.

Wenn der Edle gewissenhaft seine Pflicht tut, ohne zu fehlen, und anderen Menschen stets mit Achtung und Höflichkeit begegnet, wie es den bewährten Regeln des Zusammenlebens entspricht, dann sind innerhalb der vier Meere[154] alle Menschen seine Brüder. Wie kann er da betrübt sein, daß er ohne Bruder ist?«

XII,6 Zi-zhang fragte: »Was heißt ›Jemand sieht klar‹?«

Konfuzius antwortete: »Wer sich weder durch fortwährende Entstellung noch durch grobe Verleumdungen beirren läßt, von dem kann man sagen, daß sein Blick klar und ungetrübt ist. Das ist aber nur sehr schwer erreichbar.«

XII,7 Zi-gong fragte, woran man eine gute Regierung erkenne.

Konfuzius antwortete: »Sie muß die Ernährung sichern, muß ausreichend gegen Feinde gerüstet sein, muß danach trachten, daß das Volk Vertrauen in die Regierung hat.«

Zi-gong fragte weiter: »Wenn man aber nun eines von den drei Dingen aufgeben müßte, worauf könnte man am ehesten verzichten?«

Der Meister: »Auf die Rüstung.«

Zi-gong weiter: »Müßte nun wiederum eins von beiden aufgegeben werden, worauf sollte man dann noch verzichten?«

Konfuzius: »Auf die Ernährung. Ohne Nahrung muß man sterben. Doch seit jeher ist der Tod das Los aller Menschen. Wenn aber das Volk kein Vertrauen in die Regierung hat, kann der Staat nicht bestehen.«

XII,8 Ji Zi-cheng [Beamter in Wei] sprach: »Dem Edlen kommt es doch auf das Wesen an, was braucht er sich da noch um die guten Formen zu kümmern?«

Dazu meinte Zi-gong: »Eine solche Meinung über den Edlen ist bedauerlich. Die Zunge ist eben manchmal schneller als ein Viergespann.

Form ist Wesen, Wesen ist Form. Nehmen wir als Beispiel das Fell eines Tigers und Leoparden einerseits oder das Fell eines Hundes und Schafes andererseits. Der Unterschied besteht im Wesen wie in äußerer Gestalt; entfernen wir jedoch die Haare von den Fellen, dann bleibt kaum ein Unterschied.«

XII,9 Ai-gong [Herrscher von Lu] sprach zu [dem Schüler] You Ruo: »Das ist kein gutes Jahr. Es brachte eine Mißernte, so daß Mangel herrscht. Was soll ich tun?«

You Ruo antwortete mit einer Gegenfrage: »Warum nicht die Steuern und Abgaben senken?«

Doch Ai-gong entgegnete: »Schon jetzt reichen die Steuern und Abgaben nicht aus. Wie könnte ich sie dann noch senken?«

Daraufhin sprach You Ruo: »Wenn das Volk keinen Mangel leidet, wie könnte dann der Herrscher darben?

Hat das Volk aber kein gesichertes Auskommen, wieso kann dann der Herrscher in Wohlstand leben?«

XII,10 [Der Schüler] Zi-zhang wollte wissen, wie man seinen Charakter bessern und zugleich Richtiges und Falsches auseinanderhalten könne.

Konfuzius antwortete: »Wenn der Mensch stets treu und aufrichtig ist und seine Pflicht erfüllt, dann wird auch sein Charakter immer vollkommener.

Die Menschen wünschen ihren Lieben ein langes Leben, ihren Feinden aber baldigen Tod.

Wenn man aber blind den eigenen Neigungen folgt, einen Menschen bald liebt und für ihn langes Leben erhofft, bald sein Todfeind ist – das ist zwiespältiges Verhalten.

Fürwahr, so etwas bringt nichts, das verwirrt nur.«

XII,11 Jing-gong [Herrscher von Qi] fragte Konfuzius, was Regieren heiße.

Der Meister antwortete ihm: »Der Herrscher muß Herrscher sein, der Untertan muß Untertan bleiben. Der Vater sei Vater, der Sohn Sohn.«

Jing-gong meinte dazu: »Das ist gut! Denn wenn der Herrscher nicht Herrscher, der Untertan nicht mehr Untertan, der Vater nicht Vater und der Sohn nicht Sohn ist, dann hätte ich selbst bei einer guten Ernte wohl kaum etwas zu essen.«

XII,12 Konfuzius sprach: »Mit wenigen Worten einen Streit schlichten – das konnte wohl nur Zi-lu. Niemals zögerte er sein Urteil hinaus.«

XII,13 Konfuzius sprach: »In einem Streitfall die Standpunkte der Parteien anhören, das kann ich genauso wie andere Leute. Notwendig wäre es aber, dafür zu sorgen, daß Streitigkeiten gar nicht erst entstehen.«

XII,14 [Der Schüler] Zi-zhang fragte Konfuzius, was Regieren heiße.
Der Meister meinte: »Unermüdlich auf dem Posten sein, niemals nachlässig handeln und stets treu die Pflicht erfüllen!«

XII,15 Konfuzius sprach: »Wer eine gute Bildung hat und sich den Riten und Anstandsregeln unterwirft, wird wohl imstande sein, Fehltritte zu vermeiden.«[155]

XII,16 Konfuzius sprach: »Der Edle hilft den Menschen, Gutes zu vollbringen. Keinesfalls ermuntert er sie zum Bösen.
Der Gemeine handelt entgegengesetzt.«

XII,17 Ji Kang-zi fragte Konfuzius, was Regieren heiße.
Der Meister antwortete: »Regieren heißt das Rechte tun. Würdet Ihr Euch dabei an die Spitze stellen, wer würde dann wagen, anders zu handeln?«

XII,18 Ji Kang-zi litt unter dem Räuberunwesen; er bat Konfuzius um Rat.

Da sprach der Meister: »Wäret Ihr nicht so habgierig, würde keiner rauben und plündern, selbst wenn es dafür eine Belohnung gäbe.«

XII,19 Ji Kang-zi wollte von Konfuzius wissen, wie regiert werden solle. Dabei meinte er: »Sollte man nicht um einer guten Sache willen alle jene töten, die nicht den rechten Weg gehen?«

Konfuzius entgegnete ihm: »Wieso müßt Ihr töten, wenn Ihr regiert? Ihr selbst müßt das Gute nur wirklich wollen, dann wird auch das Volk gut werden.

Der Herrscher ist dem Winde gleich. Der gewöhnliche Mann gleicht dem Gras.

Bläst der Wind übers Gras, dann biegt es sich.«

XII,20 Zi-zhang fragte: »Wann kann man von einem klugen, gebildeten Menschen sagen, daß er auch ein bedeutender Mann ist?«

Konfuzius fragte zurück: »Was verstehst du unter bedeutend?«

Daraufhin Zi-zhang: »Ich meine, bedeutend ist, wer sowohl im Staate wie auch unter seinesgleichen einen großen Namen hat.«

Dazu sagte Konfuzius: »So jemand ist ganz einfach bekannt, aber doch nicht bedeutend.

Ein bedeutender Mensch zeichnet sich durch Geradheit und Rechtschaffenheit aus. Stets erfüllt er seine Pflicht. Er geht den Reden anderer auf den Grund und durchschaut ihre Mienen – immer darauf bedacht, sich selbst bescheiden zurückzuhalten.

Bekannt hingegen sind jene, die sehr vordergründig Sittlichkeit betonen und so tun, als läge ihnen die Moral am Herzen, dabei jedoch häufig gegen moralische Prinzipien verstoßen.

Solche Leute, denen nie ein Zweifel am eigenen Verhalten kommt, machen sich überall einen großen Namen.«

XII,21 [Der Schüler] Fan Chi unternahm gemeinsam mit Konfuzius einen Spaziergang am Altar für das sommerliche Regenopfer. Dabei wollte er wissen, wie man seinen Charakter bessern, schlechte Eigenschaften überwinden und dabei Richtiges und Falsches klarer auseinanderhalten könne.

»Das ist eine gute Frage«, meinte Konfuzius. »Erst die Arbeit, dann der Lohn – ist nicht das ein Weg, die Moral zu heben?

Die eigenen Fehler bekämpfen und nicht die der anderen – werden dadurch nicht schlechte Eigenschaften überwunden?

Wegen eines Morgens voller Zorn und Ärger sich und die eigenen Eltern vergessen – ist das nicht Verblendung?«

XII,22 [Der Schüler] Fan Chi wollte wissen, was sittliches Verhalten[156] sei.

Konfuzius antwortete: »Die Menschen lieben.«

Daraufhin fragte Fan Chi nach der Weisheit.

Konfuzius sprach: »Weisheit heißt, die Menschen zu kennen.«

Doch Fan Chi verstand nicht sofort. So setzte der Meister hinzu: »Man soll Gerades auf Verbogenes setzen, damit auch das Verbogene gerade werde.«

Fan Chi ging und traf Zi-xia. Zu ihm sprach er: »Ich habe eben den Meister gefragt, was Weisheit sei. Er hat mir geantwortet: ›Man soll Gerades auf Verbogenes setzen, damit auch das Verbogene gerade werde.‹ Was heißt das?«

Zi-xia daraufhin: »Das sind bedeutungsvolle Worte.

Als [Kaiser] Shun das Reich hatte, wählte er unter vielen Gao-yao aus und ernannte ihn zum Minister. Da konnten schlechte Menschen nicht mehr bestehen.

Als [König] Tang[157] das Reich hatte, da wählte er Yi Yin aus, und auch hier verschwanden alle, die böse und schlecht waren.«

XII,23 Zi-gong fragte, wie man einen Freund behandeln solle.

Die Antwort des Meisters lautete: »Ihm treu zur Seite stehen, ehrlich raten und ihn taktvoll zum Guten führen.

Will er dir nicht folgen, dann laß ihn. Vermeide so, dich selbst zu beschämen.«

XII,24 [Der Schüler] Zeng Shen [Zeng-zi] sprach: »Der Edle findet durch Bildung Freunde. Mit Freundschaft fördert er Sittlichkeit.«[158]

Kapitel XIII

XIII,1 Zi-lu fragte Konfuzius, was Regieren heiße.

Dem Volk vorangehen, ihm ein Beispiel geben und es anspornen, lautete die Antwort.

Zi-lu bat um eine weitere Erläuterung. Da sprach der Meister:

»Stets auf dem Posten sein und niemals nachlässig handeln.«

XIII,2 Als [der Schüler] Ran Qiu Kanzler der [mächtigen Aristokratenfamilie] Ji war, fragte er Konfuzius, wie er regieren solle.

Der Meister gab zur Antwort: »Den anderen vorangehen, bei kleineren Verfehlungen nachsichtig sein sowie diejenigen fördern, die es verdienen.«

Ran Qiu entgegnete: »Wie kann ich denn alle Fähigen und Begabten kennen, um sie zu fördern?«

Konfuzius meinte: »Fördere die, die du kennst. Damit gibst du ein Beispiel, dem andere folgen werden, so daß sich auch jene Talente und Begabungen entfalten, die dir nicht bekannt sind.«

XIII,3 [Der Schüler] Zi-lu sprach zu Konfuzius: »Wenn Euch der Herrscher des Staates Wei die Regierung anvertraute – was würdet Ihr zuerst tun?«

Der Meister antwortete: »Unbedingt die Namen richtigstellen.«

Darauf Zi-lu: »Damit würdet Ihr beginnen? Das ist doch abwegig. Warum eine solche Richtigstellung der Namen?«

Der Meister entgegnete: »Wie ungebildet du doch bist, Zi-lu! Der Edle ist vorsichtig und zurückhaltend, wenn es um Dinge geht, die er nicht kennt.

Stimmen die Namen und Begriffe nicht, so ist die Sprache konfus. Ist die Sprache konfus, so entstehen Unordnung und Mißerfolg. Gibt es Unordnung und Mißerfolg, so geraten Anstand und gute Sitten in Verfall. Sind Anstand und gute Sitten in Frage gestellt, so gibt es keine gerechten Strafen mehr. Gibt es keine gerechten Strafen mehr, so weiß das Volk nicht, was es tun und was es lassen soll. Darum muß der Edle die Begriffe und Namen korrekt benutzen und auch richtig danach handeln können. Er geht mit seinen Worten niemals leichtfertig um.«[159]

XIII,4 Fan Chi wollte wissen, wie ein Feld zu bestellen sei.

Doch Konfuzius meinte: »Darin bin ich nicht so bewandert wie ein erfahrener Bauer.«

Daraufhin bat der Schüler um Unterweisung im Gartenbau.

Aber der Meister sprach: »Damit bin ich nicht so vertraut wie ein erfahrener Gärtner.«

Nachdem Fan Chi gegangen war, sagte Konfuzius: »Fan Chi denkt wahrhaftig wie die gewöhnlichen Leute.

Werden oben die Regeln des Anstandes, der Sitte und Ordnung geachtet, dann wird auch unten niemand wagen, ohne Achtung und Ergebenheit zu sein.

Hat man oben ein richtiges Verhältnis zu Recht und Pflicht, dann wird sich im Volke niemand erkühnen, Ungehorsam zu zeigen.

Wird oben die Aufrichtigkeit hochgehalten, dann wird es unten niemand wagen, unaufrichtig zu sein. Wenn aber die Zustände so sind, dann werden die Menschen aus allen vier Himmelsrichtungen, ihre Kinder auf dem Rücken tragend, herbeigelaufen kommen.

Wieso braucht man dazu Kenntnisse über den Ackerbau?«

XIII,5 Konfuzius sprach: »Nehmen wir an, jemand kann alle dreihundert Stücke des ›Buchs der Lieder‹ auswendig hersagen. Wird ihm aber eine verantwortungsvolle Aufgabe übertragen, dann versagt er; in diplomatischer Mission ins Ausland entsandt, zeigt er sich unselbständig und hilflos.

Ein solcher Mensch hat zwar viel gelernt, aber welchen Nutzen hat es?«

XIII,6 Konfuzius sprach: »Verhält man selbst sich korrekt, dann läuft alles, ohne daß Befehle gegeben werden müssen.

Verhält man selbst sich aber nicht korrekt, so mag man noch so viel befehlen, die anderen gehorchen dennoch nicht.«

XIII,7 Konfuzius sprach: »Der Staat Lu und der Staat Wei – sie verhalten sich zueinander wie Brüder.«[160]

XIII,8 Konfuzius kam auf Jing zu sprechen, einen Sproß der Herrscherfamilie des Staates Wei.

Dieser verstünde, stets zufrieden zu sein, sprach der Meister. »Als er gerade erst begann, etwas zu besitzen, sagte er: ›Das ist schon eine ganze Menge.‹

Als er dann mehr hatte, meinte er: ›Im Grunde reicht es schon.‹

Dann wurde er reich, und da sagte er: ›Jetzt geht es mir glänzend.‹«

XIII,9 Konfuzius fuhr durch den Staat Wei; Ran Qiu lenkte den Wagen.

»Wie viele Menschen es hier gibt!« sprach der Meister. Da fragte Ran Qiu: »Da es schon so viele sind, was könnte man noch dazutun?«

Konfuzius erwiderte: »Sie wohlhabend machen!«

Darauf wieder Ran Qiu: »Und wenn die Menschen wohlhabend sind, was dann noch?«

»Sie bilden!« sprach der Meister.

XIII,10 Konfuzius sprach: »Gäbe es einen Herrscher, der mich mit der Führung der Regierungsgeschäfte beauftragte – nach einem Jahr hätte ich bereits die ersten Erfolge, und nach drei Jahren wäre alles in Ordnung.«

XIII,11 Konfuzius sprach: »Es heißt ›Wenn ein Staat über hundert Jahre hinweg ununterbrochen von guten, fähigen Leuten regiert wird, dann wird er mit dem Verbrechen fertig, und man braucht keine Todesstrafe mehr.‹

Das ist ein wahres Wort.«

XIII,12 Konfuzius sprach: »Käme jetzt auch ein wahrhaft vollkommener Herrscher, so würde es doch noch ein Menschenalter dauern, ehe sich das Gute durchsetzte.«

XIII,13 Konfuzius sprach: »Wer selbst danach strebt, vollkommener zu werden – was sollte der für Schwierigkeiten haben, andere zu regieren?

Wer aber selbst nicht zum richtigen Verhalten fähig ist – wie sollte der wohl andere bessern?«

XIII,14 Als Ran Qiu einmal vom Hofe heimkehrte, fragte ihn Konfuzius: »Wieso kommst du so spät?«

Ran Qiu antwortete: »Es ging um Regierungsangelegenheiten.«

Doch der Meister meinte: »Es wird sich wohl um weniger wichtige Dinge gehandelt haben. Wären es Regierungsangelegenheiten gewesen, so hätte ich davon gewußt, auch wenn ich kein öffentliches Amt habe.«

XIII,15 Ding-gong [Herrscher von Lu] fragte: »Kann man mit einem Wort bezeichnen, was einen ganzen Staat zur Blüte bringt?«

Konfuzius antwortete: »Ein Wort allein reicht dafür eigentlich nicht.

Aber es heißt: ›Herrscher sein ist schwer, Beamter sein nicht leicht!‹ Wenn die Regierenden um die Schwierig-

keiten ihres Amtes wissen und darum sorgfältig und gewissenhaft sind – ist es dann nicht fast so, daß ein einziges Wort das Land zum Aufblühen bringt?«

Ding-gong fragte nun: »Kann man aber mit einem
einzigen Wort bezeichnen, was das Land ins Verderben
stürzt?«

Da wiederholte Konfuzius: »Ein Wort allein reicht
dafür eigentlich nicht.« Dann setzte er hinzu: »Aber
man sagt: ›Es ist kein Vergnügen zu herrschen, es sei
denn, niemand widerspricht!‹ Wenn die Worte des Herrschers wirklich korrekt sind und niemand ihnen widerspricht, dann ist es gut.

Aber wenn nun der Herrscher Falsches oder Unrechtes sagt, und niemand widerspricht ihm – kann da nicht
tatsächlich ein Wort das Land fast ins Verderben stürzen?«

XIII,16 Der Präfekt von She wollte wissen, wie regiert
werden solle.

Der Meister antwortete ihm: »Die eigenen Leute froh
und glücklich machen, so daß Fremde angezogen werden.«

XIII,17 Als [der Schüler] Zi-xia Präfekt von Ju-fu[161]
war, fragte er Konfuzius nach der rechten Art zu regieren.

Der Meister sprach: »Nicht mit aller Macht nach raschen Erfolgen streben und nicht nur auf die kleinen
Vorteile sehen. Wer nach raschen Erfolgen strebt,
kommt nicht zum Ziel. Nur auf die kleinen Vorteile zu
sehen hält davon ab, Großes zu vollbringen.«

XIII,18 Der Präfekt von She unterhielt sich mit Konfuzius. Dabei sagte er: »Hier sind die Menschen wahrhaft

aufrichtig. Der eigene Sohn bringt es zur Anzeige, wenn sein Vater ein Schaf gestohlen hat.«

Dazu bemerkte der Meister: »Bei uns ist das anders. Bei uns deckt der Vater den Sohn, und der Sohn deckt den Vater. Darin liegt Aufrichtigkeit.«

XIII,19 Als [der Schüler] Fan Chi nach dem rechten Verhalten fragte, sprach Konfuzius: »Zeige dich stets höflich, sei aufmerksam und gewissenhaft bei dem, was du tust, und treu gegenüber den Menschen. Diese Regeln sollst du nicht vergessen, selbst wenn du zu den Barbaren kommst.«

XIII,20 Zi-gong[162] fragte: »Wie muß ein Mensch sein, damit man ihn gebildet nennen kann?«

Konfuzius antwortete: »Wer in seinem Verhalten Ehrgefühl zeigt und – in andere Staaten entsandt – seinem Herrscher keine Schande macht, der kann gebildet genannt werden.«

»Und wer kommt dann?« wollte Zi-gong wissen.

Dazu der Meister: »Es kommt der, der im Kreis der ganzen Familie und aller seiner Verwandten als gehorsam gilt und bei seinen Nachbarn als höflich und ehrerbietig.«

»Wer folgt dann?«

»Wer in seinen Worten stets hält, was er verspricht, und in seinem Handeln stets das, was er beginnt, zu Ende führt. Er mag zwar stur und eigensinnig sein, wird aber doch wohl auf der nächsten Stufe stehen.«

Dann fragte Zi-gong: »Und wie ist es mit denen, die heute regieren?«

Konfuzius entgegnete: »Ach, die haben nur Sinn für Eimer und Scheffel. Was zählen sie?«

XIII,21 Konfuzius sprach: »Wenn ich schon niemanden um mich finde, der in Wort und Tat dem Maß der Mitte folgt, dann will ich wenigstens mit Leuten Umgang haben, die entweder begeisterungsfähig sind oder aber mit Bedacht handeln. Die Begeisterungsfähigen streben vorwärts, die bedacht Handelnden wollen das Falsche vermeiden.«

XIII,22 Konfuzius sprach: »Die Leute im Süden haben ein Sprichwort:

›Ein Mensch ohne Beständigkeit taugt nicht einmal zum Zauberer und Hexenmeister.‹ Das ist ein gutes Sprichwort.«

Im »Buch der Wandlungen« heißt es: »Wer nicht beständig und zuverlässig ist, wird sich oft blamieren.«

Der Meister meinte: »Damit soll gesagt werden, daß ein solcher Mensch keine Voraussagen machen kann.«

XIII,23 Konfuzius sprach: »Der Edle mag Harmonie und Eintracht mit anderen, Kumpanei aber ist ihm fremd.

Der Gemeine hingegen mag die Kumpanei; Harmonie und Eintracht sind ihm fremd.«

XIII,24 Zi-gong fragte: »Was ist davon zu halten, wenn ein Mensch überall beliebt ist?«

Konfuzius meinte: »Das ist noch nicht genug.«

»Und wenn einer bei allen verhaßt ist?«

Darauf der Meister: »Auch das ist noch nicht genug. Besser ist es, wenn ein Mensch von den Guten geliebt und von den Bösen gehaßt wird.«

XIII,25 Konfuzius sprach: »Dem Edlen zu dienen ist leicht; aber schwer ist es, seine Zuneigung zu gewinnen.

Versucht man, mit unrechten Mitteln seine Gunst zu er-
langen, dann mißfällt ihm das. Wenn er Menschen in
seinen Dienst nimmt, richtet er sich nach ihren Fähigkeiten.

Dem Gemeinen zu dienen hingegen ist schwer; leicht
ist es jedoch, seine Zuneigung zu gewinnen. Selbst mit
unrechten Mitteln gelingt es. Und wenn er Menschen in
seine Dienste nimmt, dann verlangt er von ihnen alles
mögliche.«

XIII,26 Konfuzius sprach: »Der Edle ist voll Würde,
aber er ist nicht hochmütig.

Der Gemeine hingegen ist hochmütig, aber er hat
keine Würde.«

XIII,27 Konfuzius sprach: »Ein Mensch, der standhaft
ist, den Entschlossenheit und Einfachheit auszeichnen
und der darüber hinaus seine Worte mit Überlegung
wählt – der kommt wahrer Sittlichkeit nahe.«

XIII,28 Zi-lu fragte: »Wie muß man sein, um als gebildet gelten zu können?«

Der Meister antwortete: »Wer unbeirrbar für das
Gute eintritt, stets zum Rechten mahnt sowie Harmonie
und Eintracht will – den kann man gebildet nennen.

Er mahnt als Freund, als Bruder will er Eintracht.«

XIII,29 Konfuzius sprach: »Wenn ein tüchtiger und tu-
gendhafter Mann das Volk sieben Jahre lange erzieht,
dann kann er es auch zu den Waffen rufen.«

XIII,30 Konfuzius sprach: »Ein Volk in den Krieg führen, das nicht darauf vorbereitet ist, heißt, seinen Untergang herbeizuführen.«

Kapitel XIV

XIV,1 [Der Schüler] Yuan Si wollte wissen, was unter Schande zu verstehen sei.

Konfuzius sprach: »Wenn ein Beamter nur daran denkt, seinen Posten zu behalten und sich die damit verbundenen Einkünfte zu sichern, so ist das eine Schande.«

Yuan Si fragte: »Wenn jemand frei ist von Herrschsucht und Prahlerei, von Haß und Habsucht, kann man ihn dann wahrhaft sittlich nennen?«

Der Meister bemerkte daraufhin: »Das ist sicher schwer zu erreichen. Aber ob es bereits wahre Sittlichkeit ist, das möchte ich bezweifeln.«

XIV,2 Konfuzius sprach: »Wer nur an das angenehme und bequeme Leben denkt, kann nicht wahrhaft gebildet sein.«

XIV,3 Konfuzius sprach: »Geht der Staat den rechten Weg, soll man freimütig reden, mutig und entschlossen handeln.

Geht ein Staat nicht den rechten Weg, dann sollte man entschlossen handeln, aber zurückhaltend in seinen Reden sein.«

XIV,4 Konfuzius sprach: »Wer nach den richtigen moralischen Grundsätzen handelt, wird schon auch reden können.

Wer jedoch reden kann, vertritt nicht immer schon die richtigen Grundsätze.

Wer sittlich ist, hat auch Mut.

Wer jedoch mutig ist, handelt nicht unbedingt sittlich.«

XIV,5 Nan-gong Guo[163] sagte zu Konfuzius: »Yi[164] war ein tüchtiger Bogenschütze, und Ao[165] konnte mit Booten umgehen. Sie sind aber beide keines natürlichen Todes gestorben. Yu[166] und Ji[167] bestellten selbst das Feld, und sie bekamen das Reich. Was kann man daraus schließen?«

Konfuzius gab keine Antwort. Nachdem Nan-gong Guo gegangen war, meinte er: »Dieser Mann ist wahrlich ein Edler! Wie schätzt er doch die Moral!«

XIV,6 Konfuzius sprach: »Daß einer der Regierenden[168] sich nicht richtig verhält – das kommt vor.

Einen Gemeinen[169] aber, der sich richtig zu verhalten weiß, gibt es nicht.«

XIV,7 Konfuzius sprach: »Wenn man einen Menschen liebt, wie sollte man dann nicht um ihn besorgt sein?

Ist man einem anderen treu verbunden, wie sollte man ihn dann nicht stets zum Guten ermahnen?«

XIV,8 Konfuzius sprach: »[Der Beamte] Bi Shen verfaßte den Entwurf. Shi-shu prüfte ihn und sagte seine Meinung dazu. Der Außenminister Zi-yu verbesserte die Vorlage stilistisch, und Zi-chan[170] aus Dong Li brachte das Ganze in die letzte Fassung.«[171]

XIV,9 Jemand fragte Konfuzius, was von Zi-chan zu halten sei.

»Er war ein guter Mensch!« antwortete der Meister.

»Und was ist von Zi-xi[172] zu halten?«

»Ach der, ach der!«

»Und was ist mit Guan Zhong[173]?«

Darauf antwortete Konfuzius: »Ein tüchtiger Mann! Er nahm dem Haupt der adligen Familie Bo aus dem

Staate Qi den Lehen Bian mit dreihundert Familien
weg. Dieser Mann hatte fortan nur noch gewöhnlichen
Reis zu essen, und dennoch konnte er bis zu seinem
Tode kein Wort des Hasses gegen Guan Zhong äußern.«

XIV,10 Konfuzius sprach: »Arm sein und nicht murren
ist schwer; reich sein, aber nicht hochmütig, ist dagegen
leicht.«

XIV,11 Konfuzius sprach: »Meng Gong-chuo[174] wäre
wohl geeignet, bei den Adelsfamilien Zhao oder Wei aus
dem Staate Jin zu dienen. Er hat aber nicht das Zeug,
Minister auch nur eines so kleinen Staates wie Teng oder
Xie zu sein.«

XIV,12 Zi-lu wollte wissen, wodurch ein Mensch vollkommen sei.
Der Meister sprach: »Ein Mensch kann als vollkommen gelten, der weise ist wie Zang Wu-zhong[175] selbstlos
wie Meng Gong-chuo, mutig wie Bian Zhuang-zi[176] und
tüchtig wie Ran Qiu.
Dabei müssen alle diese Eigenschaften durch die Regeln des Anstands und der Musik geformt und zur Voll-
endung gebracht sein.«
Der Meister machte eine Pause und setzte dann hinzu:
»Und heute, was muß heute den vollkommenen Menschen auszeichnen?
Wenn man, auch wenn ein persönlicher Vorteil winkt,
nicht vergißt, was man darf und was man nicht darf,
wenn man darüber hinaus bei Gefahr auch bereit ist,
sein Leben zu geben, und wenn man schließlich stets zu
seinen Worten steht, dann ist man wohl auch als vollkommen zu bezeichnen.«

XIV,13 Konfuzius fragte den Gong-ming Jia[177] nach
Gong-shu Wen [einem Beamten aus dem Staate Wei]:
»Ist es wahr, daß dein Meister[178] nicht spricht, nicht lacht
und nichts annimmt?«

Gong-ming Jia antwortete: »Das ist übertrieben.

Er spricht erst, wenn es an der Zeit ist zu sprechen;
darum finden die Leute seine Worte nicht lästig.

Er lacht dann, wenn er vergnügt ist; darum finden andere sein Lachen nicht lästig.

Er nimmt nur dann etwas, wenn er soll; darum nehmen die Leute auch keinen Anstoß daran.«

Daraufhin meinte der Meister: »Ist er wirklich so?«

XIV,14 Konfuzius sprach: »Zang Wu-zhong [zum Ver-
lassen des Staates Lu gezwungen] bat von seinem Lehen
Fang aus, für ihn als Haupt der Zang-Familie einen
Nachfolger zu benennen.

Man sagt, er habe keinen Druck auf den Herrscher
von Lu ausgeübt. Ich glaube es aber nicht.«[179]

XIV,15 Konfuzius sprach: »Der Herrscher von Jin,
Wen-gong, war hinterlistig und falsch.

Huan-gong, Herrscher von Qi, hingegen war aufrichtig und niemals hinterlistig.«[180]

XIV,16 [Der Schüler] Zi-lu sprach: »Huan-gong [Herr-
scher von Qi] tötete seinen Bruder Gong-zi Jiu. Von
dessen beiden Getreuen starb der eine, Shao Hu, mit seinem Herrn; er beging Selbstmord. Der andere, Guan
Zhong[181], blieb aber am Leben.«

Nach einer Pause fuhr Zi-lu fort. »Muß man da nicht
sagen, daß es ihm an Sittlichkeit mangelte?«

Konfuzius bemerkte dazu: »Daß es Huan-gong viele
Male gelang, die Lehnsfürsten unter seinem Vorsitz zu

versammeln und dabei den Krieg zu stoppen – das war
der Einfluß von Guan Zhong. Hierin zeigt sich seine
Sittlichkeit.«

XIV,17 Der Schüler Zi-gong meinte: »Hat sich etwa
Guan Zhong in seinem Verhalten nach sittlichen Grundsätzen gerichtet? Als Huan-gong [seinen Bruder] Gong-
zi Jiu tötete, da konnte er es nicht über sich bringen, zusammen mit seinem Herrn zu sterben. Mehr noch, er
wurde sogar Huan-gongs Kanzler.«

Der Meister erwiderte: »Weil Guan Zhong Huan-
gongs Kanzler war, konnte dieser die Führung unter den
Lehnsfürsten übernehmen, so daß das Reich zur Ordnung kam. Bis auf den heutigen Tag genießt das Volk
seine Wohltaten.

Ohne Guan Zhong würden wir noch [wie die Barba-
ren] die Haare ungebunden tragen und unsere Kleidung
nach links knöpfen.

Hätte er da wirklich so einfältig sein sollen und sich,
wie es gewöhnliche Leute tun, in den Fluß stürzen sollen, so daß niemand je von ihm erfahren hätte?«

XIV,18 Als Gong-shu Wen[182] Beamter bei Hofe wurde,
empfahl er auch den Zhuan, der bei ihm angestellt war,
in ein öffentliches Amt. Als Konfuzius davon hörte,
sagte er: »Gong-shu Wen verdient es, ›wen‹ [vornehm
und gebildet] genannt zu werden.«

XIV,19 Konfuzius kam auf den losen Lebenswandel
des Ling-gong, Herrscher des Staates Wei, zu sprechen.
Da fragte ihn [der Adlige] Ji Kang-zi [aus Lu]: »Wenn
das so ist, wie kann er sich dann als Herrscher halten?«

Der Meister antwortete: »Er hat Zhong-shu Yu für
Empfang und Betreuung der Gäste, den Zhu Tuo für die

Kultangelegenheiten sowie den Wang-sun Jia für die Armee. Da er so tüchtige Beamte hat, wie sollte er die Herrschaft über den Staat verlieren?«

XIV,20 Konfuzius sprach: »Wer in seinen Worten nicht maßvoll ist, von dem ist kaum zu erwarten, daß er handelt, wie er spricht.«

XIV,21 [Der Minister] Chen Heng [aus dem Staate Qi] hatte seinen Herrscher, Jian-gong, getötet. Konfuzius machte dem Ai-gong [Herrscher des Staates Lu] seine Aufwartung, nachdem er vorher – dem Ritus gemäß – gebadet hatte. Dabei sprach er: »Chen Heng hat den Jian-gong von Qi umgebracht. Ich bitte Euch, Truppen zu entsenden, um den Mord zu ahnden.«
Ai-gong erwiderte: »Teile es den Häuptern der drei Adelsfamilien mit!«[183]
Vom Hofe zurückgekehrt, meinte der Meister: »Weil ich meine Verantwortung kenne, konnte ich nicht umhin, von diesem Ereignis zu berichten. Doch der Herrscher schickt mich zu den Häuptern der drei Adelsfamilien.«
Konfuzius begab sich zu den drei Adligen. Diese aber lehnten sein Ansinnen ab. Daraufhin sagte er: »Weil ich meine Verantwortung kenne, konnte ich nicht umhin, von diesem Ereignis zu berichten.«[184]

XIV,22 Zi-lu fragte, wie man dem Herrscher dienen solle.
Konfuzius antwortete: »Den Herrscher niemals täuschen. Sollte es erforderlich sein, sich ihm offen widersetzen.«

XIV,23 Konfuzius sprach: »Der Edle strebt nach Höherem, den Gemeinen hingegen zieht es nach unten.«

XIV,24 Konfuzius sprach: »Im Altertum lernte man, um sich selbst zu vervollkommnen;
heute dagegen lernt man, um anderen gegenüber etwas zu gelten.«

XIV,25 Qu Bo-yu [Beamter in Wei] sandte einen Boten zu Konfuzius. Dieser bat ihn, Platz zu nehmen. Dann fragte er: »Womit befaßte sich dein Meister?«
Der Bote antwortete: »Er ist bemüht, weniger Fehler zu machen, aber es gelingt ihm noch nicht.«
Nachdem er sich verabschiedet hatte, meinte Konfuzius: »Dieser Bote ist in Ordnung.«

XIV,26 Konfuzius sprach: »Um die Ausübung eines Amtes kümmere sich nur, wer kompetent dafür ist.«
Zeng-zi sprach: »Der Edle konzentriert sich mit seinen Gedanken auf die Erfüllung der eigenen Pflichten.«[185]

XIV,27 Konfuzius sprach: »Der Edle schämt sich, wenn seine Worte seine Taten übertreffen.«

XIV,28 Konfuzius sprach: »Zum Weg des Edlen gehört dreierlei, aber ich bewältige es nicht:
Richtiges Verhalten zu anderen Menschen[186] – es befreit von Sorgen.
Weisheit – sie bewahrt vor Zweifeln.
Entschlossenheit – sie überwindet die Furcht.«
Zi-gong bemerkte: »So beurteilt der Meister sich selbst.«

XIV,29 Zi-gong hatte die Angewohnheit, andere zu kritisieren. Darum sprach der Meister zu ihm: »Bist du etwa selbst schon so gut?

Ich würde mich zuerst um mein eigenes Verhalten kümmern, so daß ich dafür keine Zeit hätte.«

XIV,30 Konfuzius sprach: »Es kümmert mich nicht, wenn mich die Menschen nicht kennen.

Es kümmert mich aber, wenn es mir an Fähigkeiten mangelt.«

XIV,31 Konfuzius sprach: »Man soll nicht überall Betrug wittern und auch nicht grundlos an der Ehrlichkeit anderer Leute zweifeln, aber dennoch ein Gespür dafür haben. Wer das hat, ist anderen überlegen.«

XIV,32 Wei-sheng Mou[187] sprach zu Konfuzius: »Du tust so geschäftig? Du willst dich doch nicht irgendwo einschmeicheln?«

Konfuzius antwortete: »Das liegt mir fern, aber ebenso mag ich Sturheit nicht.«

XIV,33 Konfuzius sprach: »Ein edles Rassepferd schätzt man nicht nur wegen seiner Kraft.«[188]

XIV,34 Jemand fragte den Meister: »Soll man mit Güte[189] vergelten, wenn einem Unrecht geschieht?«

»Womit willst du dann Güte vergelten?

Unrecht ist mit Gerechtigkeit, Güte mit Güte zu vergelten«, entgegnete der Meister.

XIV,35 Konfuzius sprach: »Niemand kennt mich.«

»Wie meint Ihr das?« wollte Zi-gong wissen.

Der Meister erwiderte: »Ich verüble es dem Himmel nicht, ich hadere nicht mit den Menschen.

Unten fing ich zu lernen an, zu Hohem will ich vordringen.

Einzig der Himmel kennt mich.«

XIV,36 [Ein Mann namens] Gong-bo Liao hatte [den Schüler] Zi-lu bei [dem Adligen] Ji-sun in Mißkredit gebracht. [Der Beamte] Zi-fu Jing-bo berichtete dem Meister davon und sprach: »Unser Herr ist von Gong-bo Liao irregeführt worden. Aber meine Macht reicht aus, daß dieser Verleumder hingerichtet und sein Leichnam zur Schau gestellt wird.«

Konfuzius aber meinte: »Es hängt vom Willen des Himmels ab, ob sich die Wahrheit durchsetzt oder nicht. Was vermag da Gong-bo Liao?«

XIV,37 Konfuzius sprach: »Von denen, die besonders weise sind, zieht sich mancher völlig von der Welt zurück. Dann gibt es welche, die sich von einem bestimmten Ort zurückziehen. Andere wieder entziehen sich dem Anblick derer, die sich nicht mögen. Und schließlich gibt es welche, die sich bösen Reden entziehen.«

Und dann setzte der Meister hinzu: »Sieben haben sich so verhalten.«

XIV,38 Zi-lu verbrachte einmal die Nacht am Steintor. Als er am nächsten Morgen das Tor passierte, fragte ihn der Torwächter: »Woher kommst du?«

»Von Meister Kong«, war die Antwort.

Daraufhin der Torwächter: »Ist das nicht jener Mann, der weiß, daß seine Ideen nicht zu verwirklichen sind, aber dennoch nicht davon abläßt?«

XIV,39 Der Meister hielt sich im Staate Wei auf. Eines Tages spielte er auf dem Klingstein[190]. Da kam ein Mann – mit einem Korb aus Strohgeflecht auf der Schulter – an Konfuzius' Tür vorbei und sprach:

»Welchen tiefen Sinn hat es doch, auf diesem Instrument zu spielen!«

Er wartete etwas, und dann sagte er:

»Wie erbärmlich ist doch dieses Geklingel. Wenn einen niemand kennt, läßt man es eben sein.[191]

Ist das Wasser tief, muß man sich mit den Kleidern hineinstürzen, um an das andere Ufer zu gelangen.

Ist es flach, so kann man die Kleidung anheben und hindurchwaten.«[192]

Der Meister bemerkte darauf: »Wie entschieden ist doch dieser Mann! Aber seine Art von Konsequenz ist nicht schwer!«

XIV,40 Zi-zhang sagte: »Im ›Buch der Urkunden‹ heißt es:

›Gao-zong [König der Yin] wohnte während der Trauer um seinen Vorgänger aus Gründen der Pietät im Trauerzelt und sprach drei Jahre kein Wort.‹[193]

Was bedeutet das?«

Der Meister entgegnete: »Warum nennst du gerade Gao-zong? Die Alten machten es alle so. Wenn der Herrscher verstorben war, dann hat sich sein Nachfolger während dreier Jahre Trauer der Politik enthalten. Die Beamten taten in dieser Zeit ihre Pflicht und hörten auf den Kanzler.«

XIV,41 Konfuzius sprach: »Wenn die Herrschenden die allgemeinen Umgangsformen und Anstandsregeln[194] befolgen, dann ist das Volk leicht zu regieren.«

XIV,42 Zi-lu fragte den Meister, was den Edlen auszeichne.

Konfuzius antwortete: »Der Edle erzieht sich selbst zur gewissenhaften Erfüllung seiner Pflichten.«

»Ist das alles?« sagte Zi-lu.

»Er erzieht sich selbst, um anderen Menschen Ruhe und Frieden zu geben«, war die Antwort.

Darauf Zi-lu wieder: »Und das ist alles?«

Konfuzius setzte hinzu: »Er erzieht sich selbst, um dem Volk Ruhe und Frieden zu geben. Das aber war sogar für [die alten Kaiser] Yao und Shun schwierig.«

XIV,43 Yuan Rang [ein alter Bekannter des Meisters] hockte auf dem Boden. Er verharrte in dieser Haltung und wartete, daß Konfuzius zu ihm herantrat.

Der Meister sagte zu ihm: »Als Junge warst du nicht artig und bescheiden, als Erwachsener hast du nichts Nennenswertes geleistet. So lebst du immer weiter – wie ein Tagedieb.«

Er nahm seinen Stock und schlug ihn auf die Schienbeine.

XIV,44 Ein Junge aus Que Dang[195] war bei Konfuzius angestellt.

Jemand fragte: »Macht er Fortschritte?«

Konfuzius meinte daraufhin: »Ich bemerke, daß er sich immer setzt, auch wenn es nur einem Erwachsenen vorbehalten ist.

Ich sehe ferner, daß er Älteren nicht den Vortritt läßt.

Ihm geht es nicht um Fortschritte in Moral und Schicklichkeit; er will es vielmehr auf kürzestem Wege zu etwas bringen.«

Kapitel XV

xv,1 Ling-gong [Herrscher im Staate Wei] wollte die Meinung des Meisters zu Regeln der militärischen Taktik hören.

Doch Konfuzius meinte: »Über die Regeln des Anstands und die Riten habe ich viel gehört. Von militärischen Regeln dagegen verstehe ich nichts.«

Am nächsten Tag verließ der Meister den Staat Wei.

xv,2 Als Konfuzius mit seinen Schülern im Staate Chen war, gingen die Lebensmittel zu Ende. Die Schüler wurden so schwach, daß sie sich nicht erheben konnten.

Da sprach Zi-lu ärgerlich: »Gibt es für den Edlen auch Zeiten, in denen er in Not ist und keinen Ausweg weiß?«

Konfuzius erwiderte: »Wenn der Edle in Not ist, erträgt er sie standhaft.

Ist der gewöhnliche Mensch in Not, dann verliert er die Fassung.«

xv,3 Konfuzius sagte zu Zi-gong: »Du hältst mich wohl für einen, der vielerlei gelernt und im Gedächtnis behalten hat?«

Zi-gong antwortete: »Ist es denn nicht so?«

Doch der Meister entgegnete: »Nein, das trifft nicht zu. Ich habe ein grundlegendes Prinzip, einem Faden vergleichbar, auf dem ich alles aufreihen kann.«

xv,4 Konfuzius sprach zu Zi-lu: »Es gibt nur wenige Menschen, die die Moral wirklich zu schätzen wissen.«

xv,5 Konfuzius sprach: »Das Reich in Ordnung halten und selbst dabei ruhig und gelassen bleiben –

das konnte doch wohl nur [der alte Kaiser] Shun.

Denn was tat er anderes, als ernst und würdevoll auf dem Thron zu sitzen, das Gesicht nach Süden gewandt?«

XV,6 Zi-zhang fragte, wie man sich benehmen solle, um überall zurechtzukommen.

Konfuzius antwortete: »Offen und ehrlich reden, redlich und pflichtbewußt handeln –

damit kommst du selbst bei den Barbaren zurecht.

Bist du hingegen nicht offen und ehrlich in deinen Worten, nicht redlich und pflichtbewußt in deinem Verhalten –

wirst du etwa damit, und wenn es in deiner nächsten Umgebung ist, zurechtkommen?

Stehst du, dann sieh diese Worte ›offen, ehrlich, redlich, pflichtbewußt‹ gleichsam vor dir, wie der Wagenlenker das Pferdegespann.

Sitzt du im Wagen, dann sei es, als ob sie im vorderen Querbalken eingeritzt seien.

So wirst du dich überall richtig verhalten.«

Zi-zhang schrieb sich daraufhin diese Worte auf seinen Gürtel.

XV,7 Konfuzius sprach: »Wahrlich geradlinig war der Geschichtsschreiber Yu.

Wurde das Land gut regiert und herrschte Ordnung, war er wie ein Pfeil.

Wurde das Land schlecht regiert und herrschte Unordnung, war er wie ein Pfeil.

Wahrlich ein Edler ist Qu Bo-yu. Wird das Land nach den rechten Grundsätzen regiert, dann tritt er hervor und übernimmt ein öffentliches Amt.

Wird das Land hingegen schlecht regiert, dann lebt er zurückgezogen und bewahrt sich seine Überzeugung.«[196]

XV,8 Konfuzius sprach: »Triffst du einen Menschen, mit dem zu reden sich lohnt, und du redest nicht mit ihm, so hast du einen Menschen verfehlt.

Triffst du einen Menschen, mit dem zu reden sich nicht lohnt, und du redest mit ihm, so hast du deine Worte vergeudet.

Der Weise verfehlt weder einen Menschen, noch vergeudet er seine Worte.«

XV,9 Konfuzius sprach: »Ein Mann von starkem Willen und hoher Moral wird niemals versuchen, sein Leben auf Kosten seiner Überzeugung zu retten.

Er ist sogar bereit, sein Leben für seine Überzeugung zu opfern.«

XV,10 Zi-gong fragte den Konfuzius, wie man sittliches Verhalten fördern könne.[197]

Der Meister antwortete: »Ein Arbeiter, der gute Arbeit leisten will, muß zunächst das passende Werkzeug haben.

Diene denen, die sich durch besondere Moral und Weisheit auszeichnen.

Pflege Umgang mit gebildeten Menschen, die gut und richtig handeln.«

XV,11 Yan Yuan[198] fragte Konfuzius, wie ein Staat verwaltet werden solle.

Der Meister antwortete: »Die Zeit nach dem Lauf der Natur einteilen und darum dem Kalender der Xia-Dynastie folgen![199]

Einfach und schlicht sein und aus diesem Grunde den Staatswagen der Yin-Dynastie benutzen![200]

Bei Zeremonien und festlichen Anlässen auf das Äußere Wert legen und deshalb die elegante Kopfbedeckung der Zhou-Dynastie tragen!

Musik, die wohlklingend und zugleich tugendhaft ist,
muß gepflegt werden.

Deshalb übernehme man die Musik aus alten Zeiten,
vom Kaiser Shun. Die Zheng-Musik aber müßte verboten werden; zungenfertige Redner sind fernzuhalten.

Die Zheng-Musik putscht auf; zungenfertige Redner
verführen.«

XV,12 Konfuzius sprach: »Wer nicht an die Zukunft
denkt, wird bald Sorgen haben.«

XV,13 Konfuzius sprach: »Es ist aus! Ich habe noch
niemanden gesehen, der innere Werte genauso liebt wie
äußere Schönheit.«[201]

XV,14 Konfuzius sprach: »Zang Wen-zhong[202] – dem
gebührt sein Amt eigentlich gar nicht.

Er weiß genau um die Qualitäten des Liu-xia Hui[203],
gibt ihm aber keine entsprechende Stellung.«

XV,15 Konfuzius sprach: »Fordere viel von dir selbst
und erwarte weniger von anderen! So wird dir Ärger er-
spart bleiben.«

XV,16 Konfuzius sprach: »Ein Mensch, der nicht immer wieder darüber nachdenkt, wie er sich verhalten soll
– mit dem weiß ich nichts anzufangen.«

XV,17 Konfuzius sprach: »Die den ganzen Tag mit anderen zusammenhocken, verantwortungslos reden und
Dummheiten aushecken – mit solchen Leuten hat man's
schwer.«

XV,18 Konfuzius sprach: »Dem Edlen ist die Pflicht
die Richtschnur seines Verhaltens.

Er folgt den Regeln des Anstands und der Schicklichkeit. Er ist bescheiden in seinen Worten. Er ist aufrichtig in seinem Verhalten. Fürwahr, so ist ein Edler.«

XV,19 Konfuzius sprach: »Der Edle leidet durch sein eigenes Unvermögen.
Er leidet nicht darunter, daß ihn die Menschen nicht kennen.«

XV,20 Konfuzius sprach: »Der Edle haßt den Gedanken, die Welt zu verlassen, ohne etwas geleistet zu haben, was bleibender Anerkennung wert ist.«

XV,21 Konfuzius sprach: »Der Edle fordert sich selbst.
Der Gemeine fordert von anderen.«

XV,22 Konfuzius sprach: »Der Edle ist selbstbewußt, aber nicht streitsüchtig.
Er liebt den Umgang mit Menschen, ist aber gegen Kumpanei.«[204]

XV,23 Konfuzius sprach: »Der Edle beurteilt die Menschen nicht nach ihren Worten, und er verwirft nicht Worte nur des Menschen wegen, der sie gesprochen hat.«

XV,24 Zi-gong fragte den Konfuzius: »Gibt es ein Wort, das ein ganzes Leben lang als Richtschnur des Handelns dienen kann?«
Konfuzius antwortete: »Das ist ›gegenseitige Rücksichtnahme‹. Was man mir nicht antun soll, will ich auch nicht anderen Menschen zufügen.«

XV,25 Konfuzius sprach: »Wenn ich über andere Menschen urteile, gehe ich da etwa leichtfertig mit Lob oder Tadel um?

Wenn ich jemanden besonders lobe, dann habe ich das sorgfältig erwogen. So verhielten sich auch die Menschen während der drei Dynastien [Xia, Shang und Zhou] und deshalb vermochten diese, den rechten Weg zu gehen.«

XV,26 Konfuzius sprach: »Ich habe es selbst noch erlebt, daß ein Geschichtsschreiber Lücken im Text ließ, wenn er sich nicht sicher war. Wer ein Pferd hatte [und es selbst nicht brauchte], ließ es anderen.

Heute gibt es das nicht mehr.«

XV,27 Konfuzius sprach: »Rhetorische Spitzfindigkeiten schaden der Moral.

Kleinliches Verhalten stellt große Pläne in Frage.«

XV,28 Konfuzius sprach: »Wo die Menge haßt, prüfe, warum sie haßt!

Wo die Menge liebt, prüfe, warum sie liebt!«

XV,29 Konfuzius sprach: »Der Mensch kann Großes denken und hohen Idealen folgen.

Das bedeutet aber nicht, daß er selbst dadurch zu Ansehen und Einfluß gelangt.«

XV,30 Konfuzius sprach: »Einen Fehler machen und ihn nicht korrigieren –

das erst heißt wirklich einen Fehler machen.«

XV,31 Konfuzius sprach: »Ich habe schon tage- und nächtelang über die rechte Art zu leben nachgedacht, nichts gegessen und nicht geschlafen. Ich versuchte, selbst darauf zu kommen. Das aber hat keinen Nutzen. Besser ist es, von anderen zu lernen.«

XV,32 Konfuzius sprach: »Der Edle strebt nach dem rechten Weg. Nicht um Wohlstand geht es ihm.

Wer ackert, muß deshalb nicht auch gut leben können.

Wer hingegen lernt, den rechten Weg zu gehen, findet schon Zufriedenheit.

Der Edle ist besorgt um die Wahrheit. Armut bekümmert ihn nicht.«

XV,33 Konfuzius sprach: »Wer durch sein Wissen zu einem öffentlichen Amt gelangt ist, dies aber nicht mit Liebe zu den Menschen auszuüben vermag, wird es wieder verlieren.

Wer durch sein Wissen ein Amt erworben hat und es auch mit Menschlichkeit ausfüllt, dies jedoch ohne Würde tut, wird vom Volk nicht respektiert.

Wer durch sein Wissen ein Amt erworben hat, es durch Menschenliebe zu bewahren vermag und auch Würde zeigt, jedoch das Volk mobil macht, ohne Sitte und Ordnung zu achten –

der ist nicht gut genug.«

XV,34 Konfuzius sprach: »Der Edle kennt sich in den kleinen Dingen nicht aus; doch kann er mit großen Aufgaben betraut werden.

Der gewöhnliche Mensch kann sich in kleinen Dingen auskennen; aber mit großen Aufgaben kann er nicht betraut werden.«

XV,35 Konfuzius sprach: »Die Menschen bedürfen mehr des rechten sittlichen Verhaltens zueinander, als sie des Wassers oder Feuers bedürfen.

Ich habe Menschen durch Feuer oder Wasser sterben sehen.

Aber ich habe noch keinen an Sittlichkeit sterben sehen.«

XV,36 Konfuzius sprach: »Gut und sittlich handeln[205] –
das sollst du. Hierbei bleibe nicht in höflicher Bescheidenheit hinter deinem Lehrer zurück.«

XV,37 Konfuzius sprach: »Der Edle geht unbeirrbar
den rechten Weg; er ist aber nicht stur.«

XV,38 Konfuzius sprach: »Dienst du dem Herrscher,
so denke in erster Linie daran, deine Arbeit gewissenhaft auszuführen.

Erst in zweiter Linie kommt der Lohn.«

XV,39 Konfuzius sprach: »Bildung soll allen zugänglich sein. Man darf keine Standesunterschiede machen.«

XV,40 Konfuzius sprach: »Geht man unterschiedliche
Wege, dann kann man einander keine Ratschläge geben.«

XV,41 Konfuzius sprach: »Worte sollen den Menschen
etwas sagen – das ist alles.«

XV,42 Der Musikmeister Mian machte Konfuzius einen Besuch. Als er bei den Stufen angekommen war,
sagte der Meister: »Hier sind Stufen.«

Bei der Sitzmatte angelangt, sagte Konfuzius zu ihm:
»Hier ist die Matte.«

Nachdem alle Platz genommen hatten, informierte
Konfuzius ihn: Der und der ist hier, der und der ist hier.

Als der Musikmeister hinausgegangen war, fragte
Zi-zhang den Konfuzius: »Ist das die richtige Art, mit
einem Musikmeister zu reden?«

Der Meister antwortete: »Doch, das ist sicher die richtige Art, einem Blinden zu helfen.«[206]

Kapitel XVI

XVI,1 Das Haupt des Adelsgeschlechts der Ji plante eine Strafexpedition gegen Zhuan-yu [einen Vasallenstaat von Lu].

Ran Qiu und Zi-lu machten Konfuzius ihre Aufwartung und informierten ihn, daß die Ji-Familie Zhuan-yu mit Truppen zu überfallen drohe.[207]

Konfuzius bemerkte darauf: »Ran Qiu, sollte man dafür nicht besser dich tadeln?[208]

Diesem Zhuan-yu sind bereits in alten Zeiten von den Herrschern[209] die Opfer für den Meng-Berg[210] übertragen worden.

Und außerdem, es liegt mitten im Territorium unseres Staates und ist von ihm abhängig.

Wie kann da irgend jemand Zhuan-yu angreifen?«

Ran Qiu erwiderte: »Ji-sun[211], unser Herr, will es. Wir beide, seine Diener, wünschen es nicht.«

Konfuzius entgegnete: »Ran Qiu! Zhou Ren[212] hat einmal gesagt: ›Ein Amt übernehme, wenn du dich darin entfalten kannst, anderenfalls gib es ab.‹

Wer einen Blinden nicht stützt, wenn sein Schritt unsicher wird, wer ihm nicht aufhilft, wenn er gefallen ist – wie kann man den als Blindenführer brauchen?

Was du sagst, ist falsch. Wenn ein Tiger oder ein Nashorn aus dem Käfig ausbricht, wenn Schildpatt oder Jade dort beschädigt wird, wo es verwahrt wird – wer ist dafür verantwortlich?«

Ran Qiu sagte daraufhin: »Aber Zhuan-yu ist heute stark, und es ist nahe bei Bi [dem Lehen des Ji-sun] gelegen. Nimmt man es jetzt nicht ein, so wird es später einmal den Nachkommen Sorgen machen.«

Dazu meinte Konfuzius: »Ran Qiu! Dem Edlen mißfällt es, wenn man seine wahren Absichten nicht äußert, sondern sich statt dessen Vorwände ausdenkt.

Ich habe gehört: Ob Herrscher eines Staates oder Oberhaupt einer Familie, er braucht nicht beunruhigt zu sein, wenn Armut herrscht; ist der Besitz jedoch ungerecht verteilt, so muß er beunruhigt sein.

Er braucht nicht beunruhigt zu sein, wenn die Menschen wenige sind; er muß aber beunruhigt sein, wenn Unfrieden herrscht.

Ist der Reichtum richtig verteilt, kann niemand von Armut reden.

Herrscht Eintracht, dann gibt es keinen Mangel an Menschen.

Herrscht Ruhe, dann gibt es keinen Umsturz.

Wenn sich unter diesen Bedingungen die Menschen aus fernen Gegenden noch nicht bereitwillig fügen, dann muß man Bildung und Moral so kultivieren, daß sie davon unwillkürlich angezogen werden.

Sind sie dann gekommen, soll man ihnen Ruhe und Frieden geben.

Ihr beide unterstützt heute Ji-sun. Doch die Menschen aus fernen Gegenden fügen sich nicht, und er vermag nicht, sie zu gewinnen.

Im Lande herrschen Zwiespalt, Ruin und Separatismus; er kann es nicht zusammenhalten.

Und jetzt plant er noch, innerhalb des Staates Krieg zu führen.

Ich fürchte, Ji-sun hat nicht wegen Zhuan-yu, sondern wegen des Herrschers von Lu Sorgen.«

XVI,2 Konfuzius sprach: »Wenn unter dem Himmel Ordnung herrscht, ist der Sohn des Himmels die höchste Autorität in allen politischen und kultischen Angelegenheiten, er trifft auch die Entscheidungen über militärische Strafexpeditionen.

Ist keine Ordnung unter dem Himmel, dann geht diese Aktivität von den Lehnsfürsten aus. Wenn sie von

den Lehnsfürsten ausgeht, dann dauert es selten länger
als zehn Generationen, bis sie die Macht verloren haben.

Wenn sie von den hohen Beamten ausgeht, währt es
selten länger als fünf Generationen.

Wenn sie gar von deren Dienern ausgeht, so halten
sich diese kaum über drei Generationen hinweg.

Herrscht Ordnung unter dem Himmel, dann liegt die
höchste Macht nicht in den Händen des Beamtenadels.

Herrscht Ordnung unter dem Himmel, dann murrt
das Volk nicht.«[213]

XVI,3 Konfuzius sprach: »Das Herrscherhaus von Lu
hat bereits seit fünf Generationen nicht mehr die Macht
im Staate.

Beamtenadel hat die Macht, und zwar schon über vier
Generationen. Deshalb sind jetzt auch die Nachkommen
der drei Huan-Geschlechter[214] dem Verfall ausgesetzt.«

XVI,4 Konfuzius sprach: »Es gibt drei Arten Freundschaft, die förderlich sind, und drei Arten Freundschaft,
die von Übel sind.

Freundschaft mit Aufrichtigen, mit Treuen, mit Er-
fahrenen ist förderlich.

Freundschaft mit Speichelleckern, mit Prinzipien-
losen, mit Schwätzern ist von Übel.«[215]

XVI,5 Konfuzius sprach: »Es gibt drei Arten von Freuden, die förderlich sind, und drei Arten von Freuden, die
von Übel sind.

Sich an Musik und guten Umgangsformen erfreuen,
über die Vorzüge anderer reden und sich darüber freuen,
viele wertvolle Freunde haben und sich darüber freuen
– diese Freuden sind förderlich.

Freude an Verschwendung, an Müßiggang, an Schwel-
gerei
– solche Freuden sind von Übel.«

XVI,6 Konfuzius sprach: »Im Zusammensein mit einem Mann von Rang und Würden gibt es drei Verstöße:

Reden, ehe er dich angesprochen hat – das ist vorlaut;

nicht reden, wenn er dich angesprochen hat – das ist verschlagen;

reden, ohne dabei seine Miene zu beobachten – das ist blind.«

XVI,7 Konfuzius sprach: »Der Edle hütet sich vor dreierlei:

In der Jugend, wenn der Körper noch nicht entwickelt ist, hütet er sich vor sinnlichen Vergnügungen.

Im Mannesalter, wenn er seine volle Kraft erreicht hat, hütet er sich vor Streitsucht.

Im Greisenalter, wenn die Kräfte schwinden, hütet er sich vor Geiz.«

XVI,8 Konfuzius sprach: »Der Edle hat vor drei Dingen Ehrfurcht: vor dem Befehl des Himmels, vor den großen Männern und vor den Worten der Weisen.

Der Gemeine weiß nichts vom Befehl des Himmels und hat keine Ehrfurcht vor ihm; er ist respektlos gegenüber großen Männern; er spottet über die Worte der Weisen.«

XVI,9 Konfuzius sprach: »Von Geburt an Wissen haben – das ist die höchste Stufe.

Durch Lernen Wissen erwerben – das ist die nächste Stufe.

Große Schwierigkeiten haben und trotzdem lernen – das ist die dann folgende Stufe.

Schwierigkeiten haben und nicht lernen – das sind Leute der untersten Stufe.«

XVI,10 Konfuzius sprach: »Neun Dinge sind es, auf die der Edle sorgsam achtet:

Beim Sehen achtet er auf Klarheit, beim Hören auf Deutlichkeit, in seiner Miene auf Freundlichkeit,

im Benehmen achtet er auf Höflichkeit, im Reden auf Ehrlichkeit,

im Handeln auf Gewissenhaftigkeit. Wenn ihm Zweifel kommen, fragt er andere. Ist er im Zorn, bedenkt er die Folgen.

Angesichts eines persönlichen Vorteils fragt er sich, ob er auch ein Anrecht darauf hat.«

XVI,11 Konfuzius sprach: »Menschen, die das Gute als etwas Unerreichbares betrachten, die das Böse meiden wie siedendes Wasser – solche Menschen habe ich kennengelernt, solche Worte sind mir vertraut.

Sich zurückhalten, um erst über die eigenen Ziele und Absichten nachzudenken,

sich korrekt und anständig verhalten, wenn man seine Meinung durchsetzen will –

ich habe davon reden hören, aber Menschen, die so handeln, habe ich nicht getroffen.«

XVI,12 Jing-gong, Herrscher des Staates Qi, besaß tausend Viergespanne. Doch am Tage seines Todes hatte das Volk kein einziges gutes Wort über ihn zu sagen.

Bo-yi und Shu-qi[216] starben vor Hunger am Fuße des Shou-yang-Berges, doch das Volk preist sie bis auf den heutigen Tag.«

XVI,13 Chen Kang[217] fragte [den Sohn des Konfuzius] Bo Yu: »Hat dich der Meister in besonderer Weise belehrt und unterwiesen, anders, als er es gewöhnlich tut?«

»Nein. Einmal stand er ganz allein; ich ging ehrerbietungsvoll an ihm vorüber. Da fragte er mich: ›Hast du dich ernsthaft und gründlich mit den Liedern beschäftigt?‹ Ich antwortete: ›Noch nicht.‹ Darauf sagte er: ›Wer

die Lieder nicht kennt, kann nicht mitreden.‹ Daraufhin
lernte ich sofort die Lieder.

An einem anderen Tag stand er wieder allein; wieder
ging ich ehrerbietungsvoll an ihm vorüber. Da fragte er:
›Hast du dich mit dem Ritual, den Regeln des richtigen
Verhaltens und guten Benehmens, vertraut gemacht?‹

Auf mein ›Noch nicht‹ erwiderte er: »Wer diese Regeln nicht kennt, hat nichts, woran er sich halten kann.‹

Ich habe mich dann sofort mit ihnen beschäftigt. Was
ich von ihm als Belehrung vernahm, waren diese beiden
Hinweise.«

Chen Kang ging und sagte erfreut: »Nach einem habe
ich gefragt, dreierlei habe ich erfahren:

etwas über die Lieder, etwas über das Ritual;

außerdem habe ich gehört, daß der Edle eine gewisse
Distanz zu seinem eigenen Sohn wahrt.«

XVI,14 Der Herrscher eines Staates nennt seine Frau
»fu-ren – Gattin«.

Sie selbst nennt sich »xiao tong – kleines Mädchen«.

Im Staate heißt sie »jun fu-ren – Gattin des Herrschers«.

Gegenüber Menschen aus anderen Staaten wird sie
»gua xiao jun – unsere kleine Herrscherin« genannt.

In anderen Staaten aber wird von ihr auch als »Gattin
des Herrschers« gesprochen.

Kapitel XVII

XVII,1 Yang Huo [Beamter im Dienste der Familie Ji]
wünschte, daß ihm Konfuzius seine Aufwartung mache.
Doch Konfuzius tat es nicht. Darauf sandte er ihm ein

Ferkel als Geschenk. Er sollte auf solche Art zum Besuch genötigt werden.

Konfuzius wartete eine Zeit ab, da Yang Huo nicht zu Hause war. Dann ging er zu ihm hin. Doch unterwegs stießen sie aufeinander. Yang Huo sagte zu Konfuzius: »Komm, laß uns miteinander sprechen.« Und weiter sagte er: »Wer sein Wissen und seine Fähigkeiten für sich behält und seinen Staat in Unordnung läßt – kann man von dem sagen, er habe eine hohe Moral und gute Gesinnung?«

Und er gab sich selbst die Antwort. »Nein, das kann man nicht.«

»Wer gern Beamter werden möchte, aber oft die Gelegenheit dazu verpaßt – kann man von dem sagen, er sei weise?«

Und er gab sich wieder die Antwort selbst: »Nein, das kann man nicht.

Tage und Monate eilen vorüber, die Zeit wartet nicht auf uns.« Daraufhin schließlich sagte Konfuzius: »Gut, ich werde ein Amt übernehmen.«[218]

XVII,2 Konfuzius sprach: »Von Natur aus sind die Menschen einander ähnlich.

Durch die Erziehung entfernen sie sich voneinander.«

XVII,3 Konfuzius sprach: »Nur die wirklich Klugen und die wirklich Dummen ändern sich nicht.«

XVII,4 Konfuzius kam nach Wu-cheng, dort hörte er Lautenspiel und Gesang.

Lächelnd sagte er: »Um ein Huhn zu töten, braucht man da ein so langes Messer wie beim Schlachten eines Ochsen?«

Zi-you [der Präfekt von Wu-cheng war] erwiderte: »Früher habe ich Euch sagen hören: ›Wenn ein Mann von hohem Rang die rechte Bildung erwirbt, dann lernt er, die Menschen zu lieben. Erwirbt der gemeine Mann die rechte Bildung, dann ist er leicht zu regieren.‹«

Der Meister wandte sich daraufhin an seine Schüler und sprach: »Zi-you hat recht. Was ich vorhin sagte, war nur Scherz.«[219]

XVII,5 Gong-shan Fu-rao,[220] der die Stadt Bi besetzt hielt und eine Revolte angezettelt hatte, rief Konfuzius zu sich.

Der Meister war nicht abgeneigt, hinzugehen. Zi-lu mißfiel das. Er sagte zu Konfuzius: »Wenn man nirgendwo ein öffentliches Amt bekleiden kann, dann sollte man aufgeben, aber wieso denn gerade zu diesem Gong-shan gehen?«

Der Meister erwiderte: »Daß er gerade mich zu sich ruft, ist das etwa Zufall?

Wenn mich jemand in seine Dienste nimmt, werde ich hier im Osten das Reich der Zhou wieder aufleben lassen.«[221]

XVII,6 Zi-zhang fragte Konfuzius, was es heiße, sittlich zu handeln.

Der Meister antwortete: »Überall fünf Grundsätze verwirklichen – das ist Sittlichkeit.«

Zi-zhang wollte daraufhin wissen, was das für Grundsätze seien.

Konfuzius sagte: »Höflichkeit, Großmut, Aufrichtigkeit, Eifer und Güte.

Der Höfliche genießt mehr Achtung,

durch Großmut gewinnt man Sympathie.

Aufrichtigkeit schafft Vertrauen.

Eifer bringt Erfolg.

Wer Güte hat, kann anderer Menschen Herr und Leiter sein.«

XVII,7 Bi Xi [ein rebellischer Beamter im Staate Jin] wollte Konfuzius in seine Dienste nehmen.

Der Meister war nicht abgeneigt, dem Ruf zu folgen.

Doch Zi-lu sprach: »Früher habe ich Euch reden hören, der Edle lasse sich nicht mit Menschen ein, die Unrechtes tun. Bi Xi hält in einer Rebellion das Gebiet von Zhong-mou besetzt. Wie könnt Ihr da jetzt die Absicht haben, seinem Ruf zu folgen?«

Konfuzius erwiderte: »Ja, ich habe diese Worte gesagt.

Aber heißt es nicht auch: ›Wenn etwas wirklich hart ist, dann mag es noch so sehr geschmirgelt werden, es schleift sich nicht ab.

Wenn etwas wirklich weiß ist, dann kann man es noch so sehr schwärzen wollen, es gelingt nicht.

Bin ich denn ein Kürbis, den man aufhängen und ansehen kann, ohne ihn zu essen?«[222]

XVII,8 Konfuzius sprach: »Zi-lu, hast du von den sechs Tugenden gehört, die zu sechs Verirrungen werden?«

Zi-lu verneinte.

Daraufhin der Meister: »Setz dich! Ich erzähle es dir!

Gut sein wollen, aber keine Bildung haben – das führt zu Einfalt.

Weise sein wollen, aber keine Bildung haben – das bedeutet, ohne Orientierung und Ziel zu sein.

Aufrichtig sein wollen, aber keine Bildung haben – dadurch fügt man sich selbst Schaden zu.

Immer offen und freimütig sein wollen, aber keine Bildung haben – das führt zu Grobheit.

Den Mut lieben, aber keine Bildung haben – so werden Unordnung und Aufruhr verursacht.

Konsequent sein wollen, aber keine Bildung haben –
das führt zu fanatischer Besessenheit.«

XVII,9 Konfuzius sprach: »Meine Schüler, warum beschäftigt ihr euch nicht mit dem ›Buch der Lieder‹?
Die Lieder regen an, sie schärfen den Blick, stärken
den Gemeinschaftssinn und sind hilfreich bei Kummer
und Unzufriedenheit. Sie lehren das Nächstliegende, die
Pflicht gegenüber dem Vater, ebenso wie das Fernerlie-
gende, die Pflicht gegenüber dem Herrscher. Sie machen
uns mit Vögeln und anderen Tieren, Kräutern und Bäumen bekannt.«

XVII,10 Konfuzius wandte sich an [seinen Sohn] Bo-yu
und sprach: »Hast du dich schon mit den Liedern des
›Zhou-nan‹ und des ›Shao-nan‹[223] beschäftigt?
Wer sie nicht kennt – gleicht der nicht einem Menschen, welcher mit dem Gesicht unmittelbar vor einer
großen Wand steht?«

XVII,11 Konfuzius sprach: »Was oft Anstand genannt
wird – sind damit etwa nur Geschenke wie Edelsteine
und Seide gemeint?
Was oft Musik genannt wird – sind damit etwa nur
Instrumente wie Glocken und Trommeln gemeint?«

XVII,12 Konfuzius sprach: »Wer sich streng gibt, innerlich aber haltlos ist
– der verhält sich wie ein sehr gewöhnlicher Mensch.
Gleicht er nicht einem Dieb, der feige einbricht?«

XVII,13 Konfuzius sprach: »Heuchler verhalten sich
zur Moral wie Diebe.«

XVII,14 Konfuzius sprach: »Was man beiläufig gehört hat, überall weitererzählen – das ist keine gute Eigenschaft.«

XVII,15 Konfuzius sprach: »Diese ehrgeizigen Streber – wie kann man mit ihnen zusammenarbeiten?
Solange sie noch kein Amt haben, ist ihre einzige Sorge, eins zu erhalten.
Ist ihnen das gelungen, ist ihre Sorge, es wieder zu verlieren.
In ihrer Sorge, das Amt wieder verlieren zu können, sind sie zu allem fähig.«

XVII,16 Konfuzius sprach: »In alten Zeiten hatten die Menschen dreierlei Fehler an sich, die heute wohl nicht mehr in der gleichen Art vorkommen.
Leidenschaftliche Menschen wollten früher unabhängig sein. Heute sind sie zügellos und liederlich.
Wer früher Selbstachtung empfand, war darauf bedacht, gewissenhaft und unbestechlich zu sein. Heute äußert sich Selbstachtung in kleinlicher Rechthaberei.
Früher waren die Dummen in ihrem Wesen immerhin geradlinig, heutzutage ist Dummheit gepaart mit Betrug.«

XVII,17 Konfuzius sprach: »Glatte Worte und heuchlerische Miene – da ist es mit einem guten Charakter meist nicht weit her.«[224]

XVII,18 Konfuzius sprach: »Daß das Purpur den Glanz des Zinnober verdrängt,[225]
daß die Klänge aus Zheng die Festlieder verwirren[226] – das kann ich nicht ausstehen.
Ich hasse es, wenn die scharfen Mäuler Staat und Gesellschaft umstürzen.«

XVII,19 Konfuzius sprach: »Ich möchte meine Zeit nicht mit Reden verbringen.«

Daraufhin meinte Zi-gong: »Wenn der Meister nicht redet, was können wir dann noch anderen übermitteln?«

Konfuzius erwiderte: »Redet etwa der Himmel?

Die vier Jahreszeiten haben ihren Wechsel, die Dinge entstehen und wachsen.

Redet etwa der Himmel?«

XVII,20 Ru Bei[227] wünschte, Konfuzius zu sehen.

Unter dem Vorwand, krank zu sein, lehnte der Meister es ab, ihn zu empfangen. Während aber der Bote zur Tür hinausging, nahm er die Laute und sang, damit man es hören sollte.

XVII,21 [Der Schüler] Zai Wo sprach zu Konfuzius: »Um die Eltern soll drei Jahre lang getrauert werden, doch ein Jahr ist eigentlich lange genug. Denn wenn der Edle sich drei Jahre lang ritueller Zeremonien und feierlicher Gebräuche enthält, dann geraten sie in Gefahr. Wenn er sich drei Jahre lang der Musik enthält, dann ist sie unausweichlich dem Verfall preisgegeben.

Das alte Korn ist aufgebraucht, das neue Korn ist bereits aufgegangen, und die verschiedenen Holzarten sind, jede einmal, als Feuerholz verwendet worden.

– Ein Jahr ist wirklich genug.«

Konfuzius erwiderte: »Gut essen und sich elegant kleiden, noch ehe die drei Jahre der Trauer vorüber sind – könnte deine Seele dabei Ruhe finden?«

Zai Wo bejahte.

Dazu meinte der Meister: »Wenn du dabei Ruhe findest, dann handele entsprechend. Dem Edlen allerdings, wenn er in Trauer ist, bereiten erlesene Gerichte keinen Genuß, und wenn er Musik hört, erfreut sie ihn nicht; an behaglichem Wohnen findet er kein Gefallen. Darum tut er solche Dinge nicht.

Wenn aber deine Seele dabei Ruhe finden kann, dann handele entsprechend.«

Nachdem Zai Wo gegangen war, sagte der Meister: »Zai Wo hat keine gute Gesinnung. Ein Kind wird drei Jahre alt, ehe es nicht mehr getragen werden muß. Und überall sind drei Jahre Trauer um die Eltern üblich.

Hat denn Zai Wo nicht jene drei Jahre lang die liebevolle Fürsorge seiner Eltern erfahren?«

XVII,22 Konfuzius sprach: »Sich den ganzen Tag satt essen, aber sonst um nichts kümmern –

das ist ein schwieriger Fall.

Gibt es denn nicht das Bo- und das Yi-Spiel?[228]

Sich damit zu beschäftigen ist immer noch besser, als gar nichts zu tun.«

XVII,23 Zi-lu sagte zu Konfuzius: »Von allen Tugenden schätzt der Edle doch wohl den Mut am meisten?«

Der Meister antwortete: »Der Edle stellt die Pflicht über alles.

Wenn der Mann von Rang Mut hat, aber kein Pflichtgefühl besitzt, so wird er zum Rebellen.

Wenn der gewöhnliche Mensch Mut hat, aber kein Pflichtgefühl besitzt, so wird er zum Räuber.«

XVII,24 Zi-gong fragte Konfuzius: »Kennt der Edle auch Haß?«

Der Meister antwortete: »Er kennt ihn.

Er haßt alle, die die Fehler anderer breittreten; er haßt alle, die sich unten befinden und jene verleumden, die höher stehen; er haßt die Mutigen, sofern sie keinen Anstand kennen, er haßt die, die ihren Standpunkt unbedingt durchsetzen wollen und sich dabei jeder Einsicht verschließen.«

Und dann wandte sich Konfuzius an Zi-gong: »Und wie steht es mit dir?«

Daraufhin sagte Zi-gong: »Ich hasse alle, die die Weisheit anderer als ihre eigene ausgeben, ich hasse alle, die anmaßend sind und sich deshalb für mutig ausgeben, ich hasse alle, die Intimitäten ausplaudern und dabei noch meinen, sie seien besonders ehrlich und korrekt.«

XVII,25 Konfuzius sprach: »Mit Frauen sowie mit Untergebenen umzugehen ist schwierig.

Ist man vertraut mit ihnen, so werden sie anmaßend.

Hält man auf Distanz, dann sind sie unzufrieden.«

XVII,26 Konfuzius sprach: »Wer mit vierzig Jahren noch bei den Menschen unbeliebt ist, wird es bis zu seinem Ende bleiben.«

Kapitel XVIII

XVIII,1 [Als König Zhou, letzter König der Shang-Dynastie, regierte] zog sich der Freiherr von Wei vom Hofe zurück. Der Freiherr von Ji wurde zum Sklaven gemacht, und Bi-gan mußte wegen seiner Kritik am König sterben.

Konfuzius sprach: »Das waren die drei guten Männer, die die Shang-Dynastie an ihrem Ende aufzuweisen hatte.«[229]

XVIII,2 Hui von Liu-xia[230] war Richter. Nachdem er dreimal aus seinem Amt entlassen worden war, fragte ihn jemand: »Ist es nicht Zeit, in ein anderes Land zu gehen?«

Doch Hui antwortete: »Wohin sollte ich gehen, ohne wiederum mehrmals entlassen zu werden, wenn ich stets korrekt auf dem geraden Weg bleibe?

Wollte ich hingegen unkorrekt handeln und krumme Wege gehen, wozu sollte ich das Land meiner Väter verlassen?«

XVIII,3 Jing-gong, der Herrscher von Qi, überlegte, wie er Konfuzius behandeln sollte:

»Ihn in der gleichen Art behandeln wie das Haupt der Familie Ji – das geht nicht. Ich werde ihn so behandeln, als ob er zwischen dem Haupt der Familie Ji und dem der Familie Meng stünde.«

Später sagte er: »Ich bin alt und habe keine Verwendung für ihn.«

Der Meister verließ daraufhin den Staat Qi.[231]

XVIII,4 Die Leute von Qi hatten dem Herrscher von Lu singende und tanzende Mädchen zum Geschenk gemacht. [Der Minister] Ji Huan nahm sie in Empfang. Drei Tage lang wurden die Staatsgeschäfte vernachlässigt. Konfuzius ging daraufhin fort.

XVIII,5 Der Narr Jie-yu aus dem Staate Chu ging singend an Konfuzius vorbei.

Er sang: »O Phönix, o Phönix! Wie ist doch die Moral heruntergekommen!

Es ist nutzlos, ändern zu wollen, was bereits vorbei ist. Doch die Zukunft kann man noch gestalten.

Laß ab von sinnlosem Streben! Heutzutage ist es gefährlich, sich mit Politik zu befassen.«

Der Meister stieg herab, denn er wollte mit ihm reden. Der aber eilte fort, so daß Konfuzius nicht mit ihm sprechen konnte.[232]

XVIII,6 Chang Ju und Jie Ni[233] waren beim Pflügen. Als Konfuzius bei ihnen vorüberkam, sandte er Zi-lu, um nach einer Furt zu fragen. Chang Ju sprach: »Wer ist das, der dort im Wagen die Zügel hält?«

Zi-lu erwiderte: »Es ist Kong Qiu.«

Jener fragte: »Ist es der Kong Qiu aus Lu?«

Er antwortete: »Ja, er ist es.«

»Dann wird er auch die Furt kennen«, war die Reaktion.

Zi-lu fragte dann den Jie Ni.

»Wer bist du?« war die Gegenfrage.

»Ich bin Zi-lu.«

Jie Ni fragte darauf: »Bist du nicht ein Schüler des Kong Qiu?«

»Ja, so ist es«, war die Antwort.

Jener sagte dann: »Unordnung hat – einer Sintflut gleich – die Welt erfaßt.

Wer soll das ändern?

Du folgst einem Manne, der sich von schlechten Menschen zurückzieht.

Wäre es nicht besser, einem zu folgen, der der Welt überhaupt entflieht?«

Darauf setzte er seine Arbeit fort, ohne nochmals innezuhalten.

Zi-lu ging, Konfuzius von seiner Unterhaltung zu berichten.

Der Meister sprach seufzend: »Zu Vögeln und anderen Tieren kann ich mich nicht gesellen. Mit wem sollte ich zusammen sein, wenn nicht mit diesen Menschen?

Wäre die Welt in Ordnung, dann brauchte ich mich nicht damit abzugeben, sie zu ändern.«[234]

XVIII,7 Zi-lu war zurückgeblieben und folgte Konfuzius auf dessen Wege. Er traf einen alten Mann, der eine

Hacke bei sich trug. Zi-lu fragte ihn: »Hast du nicht den
Meister gesehen?«

Der Alte erwiderte: »Deine Arme und Beine weißt du
nicht zu bewegen, und die fünf Getreidearten kannst du
nicht auseinanderhalten. Was hast du denn für einen
Meister?« Darauf begann er zu jäten.

Zi-lu blieb daneben stehen, ehrerbietig die Hände
zum Gruß zusammengelegt. Schließlich behielt er Zi-lu
zur Nacht bei sich. Er schlachtete ein Huhn, bereitete
Hirse und bewirtete ihn gut. Auch stellte er ihm seine
beiden Söhne vor.

Am nächsten Tag holte Zi-lu den Meister ein und berichtete ihm von seinem Erlebnis.

Konfuzius sprach: »Das ist ein Weiser, der im verbor-
genen lebt.«

Er schickte Zi-lu, damit er ihn nochmals treffen sollte.
Aber als dieser hinkam, war der Alte bereits weggegan-
gen. So sprach Zi-lu in Gedanken zu ihm:

»Kein Amt annehmen zu wollen – das widerspricht
der Pflicht. Du weißt, daß die Beziehungen zwischen alt
und jung ihre Ordnung haben müssen. Wie kannst du
dann das richtige Verhältnis zwischen Herrscher und
Untertan mißachten?

Wer glaubt, auf diese Weise selbst sauber zu bleiben,
bringt in Wirklichkeit die Beziehungen der Menschen
untereinander in Unordnung. Indem der Edle ein Amt
übernimmt, tut er, was er soll. Daß er allein die Welt
nicht in Ordnung bringen kann, weiß er schon.«

XVIII,8 Bo-yi, Shu-qi, Yu-zhong, Yi-yi, Zhu-zhang,
Hui von Liu-xia und Shao-lian
– sie alle haben sich von der Welt zurückgezogen.

Konfuzius sprach: »Bo-yi und Shu-qi – ihr Wille blieb
ungebrochen, und sie bewahrten sich ihre Würde.

Von Hui von Liu-xia und Shao-lian heißt es, ihr Wille

wäre gebrochen worden, und sie hätten ihre Würde aufgegeben; aber dennoch entsprachen ihre Worte den Grundsätzen von Ordnung und Moral; ihr Handeln entsprach dem, was sie wollten.

Von Yu-zhong und Yi-yi heißt es, sie lebten zurückgezogen und sagten, was sie dachten. Sie strebten nach Sauberkeit. Um Einfluß und Ansehen ging es ihnen nicht.

Ich bin anders als sie alle – ich bin nicht von vornherein festgelegt.«[235]

XVIII,9 Zhi [der Chef der Hofmusik][236] verließ Lu und ging in den Staat Qi.

Gan, verantwortlich für die Tafelmusik beim zweiten Mahl, ging nach Chu.

Liao, verantwortlich für die Tafelmusik beim dritten Mahl, ging nach Cai.

Que – ihm oblag die Tafelmusik für das vierte Mahl – wanderte ab in den Staat Qin.[237]

Der Pauker Fang-shu ging an den Gelben Fluß, der Handtrommler Wu ging an den Han-Fluß.

Yang, zweiter Chef der Hofmusik, und der Klangsteinspieler Xiang – sie gingen ans Meer.

XVIII,10 Zhou-gong [der Herzog von Zhou] sprach zu [seinem Sohn] dem Herzog von Lu[238]:

»Der Edle vernachlässigt seine Verwandten nicht.

Er verärgert seine Beamten nicht dadurch, daß er ihre Fähigkeiten und ihren Rat mißachtet. Alte Freunde gibt er nicht ohne zwingenden Grund auf. Er verlangt nicht, daß der einzelne vollkommen ist.«

XVIII,11 Bo-da, Bo-gua, Zhong-tu, Zhong-hu, Shu-ye, Shu-xia, Ji-sui und Ji-gua

– acht Männer mit Bildung, die zur Zeit der Zhou-Dynastie lebten.[239]

Kapitel XIX

XIX,1 Zi-zhang sprach: »Der Gebildete muß bei Gefahr bereit sein, sein Leben zu geben;

bei einem persönlichen Vorteil muß er fragen, ob er
ihn auch verdient.

Beim Opfern muß sein Sinn voll Ehrfurcht, bei Trauer
voll Traurigkeit sein.

So verhält er sich richtig.«

XIX,2 Zi-zhang sprach: »Wessen Moral nicht gefestigt
und wessen Überzeugung nicht echt ist

– wie kann man von einem solchen Menschen sagen,
ob er sie hat oder ob er sie nicht hat.«

XIX,3 Schüler des Zi-xia fragten den Zi-zhang, nach
welchen Grundsätzen man Umgang mit anderen Menschen pflegen soll.[240]

»Was sagt denn Zi-xia dazu?« lautete die Gegenfrage.

Die Antwort war: »Zi-xia sagt: ›Sucht die Nähe solcher Menschen, mit denen ihr auskommen könnt, andere meidet.‹«

Zi-zhang erwiderte: »Ich habe es anders gelernt.

Der Edle ehrt die, die weise und tugendhaft sind, und
ist tolerant gegenüber allen.

Er preist die, die gut und tüchtig sind, und hat Mitleid
mit den Unfähigen.

Angenommen, ich wäre ein Mann von hoher Moral
und großer Weisheit – wen könnte ich dann nicht ertragen?

Wäre ich hingegen ein Unwürdiger, dann hielten sich
die anderen von mir fern. Wie könnte ich dann noch die
Menschen meiden?«

XIX,4 Zi-xia sprach: »Auch Nebensächliches kann seinen Wert haben. Verliert man sich aber darin, erreicht man sein Ziel nicht. Deshalb hütet sich der Edle davor.«

XIX,5 Zi-xia sprach: »Wem täglich bewußt ist, was er noch alles lernen muß, und wer darüber hinaus monatlich sich prüft, um nicht zu vergessen, was er bereits kann, von dem kann man sagen, daß er das Lernen liebt.«

XIX,6 Zi-xia sprach: »Vieles lernen, dabei aber zielstrebig sein; den Dingen auf den Grund blicken und sich ernsthaft um Antwort auf alle Fragen bemühen, dabei aber vor allem an das Naheliegende denken
– auch darin liegt menschliche Tugend.«[241]

XIX,7 Zi-xia sprach: »Handwerker brauchen die Werkstatt, um ihre Arbeit zu vollbringen.
Der Edle lernt, um den rechten Weg zu gehen.«

XIX,8 Zi-xia sprach: »Der Gemeine wird immer wieder versuchen, seine Fehler zu beschönigen.«

XIX,9 Zi-xia sprach: »Der Edle wirkt nicht immer gleich: Aus der Ferne erscheint er streng, im Umgang ist er freundlich, in seinen Worten wirkt er fest und entschlossen.«

XIX,10 Zi-xia sprach: »Der Edle erwirbt sich zunächst das Vertrauen des Volkes;
erst dann verlangt er von ihm die Erfüllung von Aufgaben.
Wenn das Volk kein Vertrauen hat, wird es das Gefühl haben, unterdrückt zu werden.

Der Edle muß erst Vertrauen haben, dann kann er auch tadeln.

Andernfalls wird der Tadel als beleidigend empfunden.«

XIX,11 Zi-xia sprach: »In den großen Fragen des Lebens muß sich der Mensch an die Grenzen halten, die ihm gesetzt sind. In kleinen Dingen kann er etwas großzügiger sein.«

XIX,12 Zi-you sprach: »Die Schüler des Zi-xia sind wie kleine Kinder. Den Fußboden einsprengen und kehren, antworten, wenn sie gefragt oder gerufen werden, vor- und zurücktreten – das können sie gerade noch. Doch das ist zweitrangig. Die Grundlagen des Wissens – sie fehlen. Wie kann das angehen?«

Zi-xia hörte davon und sagte: »Ach, Zi-you hat unrecht.

Was muß denn vom Edlen und seinem Verhalten zuerst gelehrt werden und was danach?

Es ist wie bei den Gräsern und Bäumen; man teilt ein und sortiert.

Wie könnte man überhaupt bei der Formung der Eigenschaften des Edlen eine Reihenfolge haben?

Denn ein Rezept dafür, womit zu lehren begonnen und womit aufgehört wird – das hat wohl nur der vollkommene Weise!«

XIX,13 Zi-xia sprach: »Ein Beamter sollte die Zeit, die ihm frei bleibt, zum Lernen verwenden. Ein Lernender sollte die Zeit, die ihm frei bleibt, für ein Amt verwenden.«

XIX,14 Zi-you sprach: »Bei Trauer bringe man sein ganzes Leid zum Ausdruck, aber man übertreibe nicht.«

XIX,15 Zi-you sprach: »Mein Freund Zi-zhang bringt Schwieriges zustande; aber ein guter Mensch ist er noch nicht.«[242]

XIX,16 Zeng-zi[243] sprach: »Zi-zhangs Auftreten ist eindrucksvoll, aber mit ihm zusammen wird man schwerlich Gutes vollbringen können.«

XIX,17 Zeng-zi sprach: »Ich habe den Meister sagen hören: ›Wer noch nie seine Gefühle zeigte – wenn er um seine Eltern trauert, wird er es tun!‹«

XIX,18 Zeng-zi sprach: »Ich habe den Meister sagen hören: ›Was Ehrfurcht und Gehorsam gegenüber den Eltern betrifft, so können es andere mit Meng Zhuang-zi[244] durchaus aufnehmen.

Daß er aber die Diener seines Vaters übernommen und dessen Politik nicht geändert hat

– darin ist er schwerlich zu erreichen.‹«

XIX,19 Das Haupt der Meng-Sippe ernannte Yang Fu zum Richter. Dieser bat Zeng-zi um Rat.

Zeng-zi sprach: »Die Herrschenden haben schon lange den rechten Weg verlassen, und das Volk ist in Unordnung.

Zeige darum keine Befriedigung, wenn du jemand einer kriminellen Handlung überführst, sondern sei voll Bedauern und Mitleid.«

XIX,20 Zi-gong sprach: »[König] Zhou[245] war schlecht, aber nicht so schlecht wie sein Ruf.

Der Edle haßt es darum, gemein zu sein, denn dann fällt alles Übel der Welt auf ihn.«

XIX,21 Zi-xia sprach: »Die Verfehlungen des Edlen
wirken auf die Menschen wie eine Sonnen- oder Mond-
finsternis. Fehlt er, dann bleibt es von niemandem unbe-
merkt.

Korrigiert er seine Fehler, dann blicken alle zu ihm auf.«

XIX,22 Gong-sun Chao aus dem Staate Wei fragte Zi-
gong: »Woher hat Zhong-ni [Konfuzius] sein Wissen?«

Zi-gong antwortete: »Der Weg, den [die Könige] Wen
und Wu[246] gegangen sind, ist noch nicht vergessen; er ist
noch unter den Menschen lebendig.

Die Weisen kennen noch das Wesentliche davon, und
die weniger Weisen kennen noch dieses oder jenes Ne-
bensächliche davon.

Der Weg von Wen und Wu ist überall. Wie hätte ihn
der Meister also nicht finden sollen, und wieso sollte er
dazu einen besonderen Lehrer brauchen?«

XIX,23 Shu-sun Wu-shu[247] sprach zu den Würdenträgern bei Hofe: »Zi-gong übertrifft seinen Lehrer Zhong-
ni [Konfuzius].«

Zi-fu Jing-bo[248] berichtete es dem Zi-gong.

Dieser sagte daraufhin: »Nehmen wir zum Vergleich
die Mauer, die ein Haus umgibt. In meinem Falle reicht
sie nur bis zur Schulterhöhe. Man kann leicht darüber
hinwegblicken und alles sehen, was das Haus an Schö-
nem zu bieten hat.

Was den Meister betrifft, so ist die Mauer mehrere
Klafter hoch. Wer den Zugang nicht findet, der kann die
Schönheit des Ahnentempels und die ganze Pracht des
Hauses nicht sehen.

Es sind wohl nur wenige, die den Eingang finden.

Ist es darum nicht verständlich, daß dieser Herr so redet?«

XIX,24 Shu-sun Wu-shu sprach verächtlich von Konfuzius.

Dazu meinte Zi-gong: »Das ist vergebens. Zhong-ni kann nicht verächtlich gemacht werden. Andere Weise sind wie Berge oder Hügel, die man besteigen kann.

Doch Zhong-ni ist mit der Sonne oder dem Mond vergleichbar. Niemand kann zu Sonne oder Mond emporsteigen. Und wenn sich einer von Sonne oder Mond abwenden will, was macht das ihnen?

Man sieht daraus nur, daß er sich selbst nicht richtig einzuschätzen weiß.«

XIX,25 Chen Zi-qin[249] meinte zu Zi-gong: »Du bist bescheiden und verehrst Zhong-ni sehr. Übertraf er dich etwa an Weisheit und Tugend?«

Zi-gong erwiderte: »Oft genügt ein Wort, um als weise oder töricht zu erscheinen. Darum sollte man mit Bedacht reden.

Der Meister ist genauso unerreichbar, wie es unmöglich ist, auf einer Leiter zum Himmel emporzusteigen.

Hätte er einen Staat zu regieren bekommen, dann könnte man von ihm sagen:

Was er anordnete, wurde getan;

er wies den Weg, und die Menschen gingen ihn;

er ließ sie zufrieden sein, und von überall kamen sie herbei;

er setzte die Menschen in Bewegung, und sie handelten in Harmonie und Eintracht.

Sein Leben war ruhmvoll, sein Tod bedeutete Trauer. Wie könnte man ihn je erreichen?«

Kapitel XX

XX,1 [Kaiser] Yao sprach, als er dem Shun das Reich
übergab: »Oh, du Shun.[250]

Der Himmel bestimmt dich zum Herrscher.

Folge aufrichtig seinem Befehl.

Herrschen Not und Elend in der Welt, hast du die
Gunst des Himmels für immer verloren.«

Und Shun sprach die gleichen Worte, als er die Herrschaft an Yu abtrat.

Tang [der erste Herrscher der Yin-Dynastie[251]] sprach:
»Ich, Li[252], wage es, beim Opfer eines schwarzen Stie-
res dem obersten Herrscher kundzutun:

›Wer Schuld auf sich geladen hat, den werde ich nicht
zu begnadigen wagen.

Ich werde weder das Gute an deinen Dienern verdek-
ken noch ihre Fehler beschönigen, die Prüfung liegt bei
dir.

Habe ich mich gegen dich vergangen, dann treffe dein
Zorn nicht das Volk der zehntausend Gegenden.

Hat das Volk der zehntausend Gegenden Schuld auf
sich geladen, dann vergelte es mir.‹«[253]

Das Herrscherhaus der Zhou gab reichlich Lohn und
ließ die Guten und Tüchtigen zu Reichtum und Würden
gelangen.[254]

König Wu [der Begründer der Zhou-Dynastie]
sprach:

»Wenn man auch nahe Verwandte um sich hat, wichtiger ist es, von guten Menschen umgeben zu sein.

Für alle Fehler des Volkes will ich allein die Verantwortung tragen.«

Er berichtigte die Maße und Gewichte, brachte die
Verwaltung wieder in Ordnung, und überall wurden die
Befehle und Anordnungen ausgeführt.

Untergegangene Staaten blühten wieder auf. In den Lehnsstaaten setzte sich die Erbfolge, die unterbrochen war, fort.

Jene, die sich zurückgezogen hatten, wurden wieder in Ämter berufen.

Und alles Volk unter dem Himmel war ihm von Herzen zugetan.

Besonders wichtig nahm er das Volk, seinen Lebensunterhalt, die Trauerfeierlichkeiten sowie die Opferzeremonien.

Er war großzügig und nachsichtig; so gewann er das Volk.

Er war ehrlich und zuverlässig; das Volk vertraute ihm.

Er war fleißig, deshalb brachte er viel zuwege.

Er war gerecht, und das Volk war zufrieden.

XX,2 Zi-zhang fragte Konfuzius: »Wie muß man sich verhalten, um gute Politik zu machen?«

Konfuzius antwortete: »Auf fünf Tugenden achten, vier Übel hingegen ausmerzen!

Dann ist man imstande, gut zu regieren.«

Zi-zhang fragte weiter: »Wie heißen diese fünf Tugenden?«

»Regieren zum Wohl des Volkes, aber nichts verschwenden.

Vom Volk etwas fordern, aber nicht es zum Murren bringen.

Wünsche haben, aber nicht das Maß überschreiten.

Amt und Würden haben, aber nicht in Hochmut verfallen.

Respekt fordern, aber nicht zum Despoten werden.«

Zi-zhang fragte erneut: »Was heißt das, ›Regieren zum Wohl des Volkes, aber nichts verschwenden‹?«

Konfuzius antwortete: »Befördern, was dem Volke Nutzen bringt

– regiert nicht der zum Wohl des Volkes, bei dem
nichts verschwendet wird?

Wer vom Volk fordert, was es leisten kann

– warum sollte gegen den jemand murren?

Wer das Gute will und auch erreicht

– wie könnte der maßlos in seinen Wünschen sein?

Wer niemanden unhöflich und geringschätzig behandelt, ob es sich nun um viele oder wenige, um große
oder kleine Leute handelt

– hat der nicht Amt und Würden, aber keinen Hochmut?

Wer korrekt und würdevoll auftritt, so daß das Volk
ehrfürchtig zu ihm aufblickt

– genießt der nicht Respekt, und ist doch nicht despo-
tisch?«

Danach wollte Zi-zhang wissen: »Was sind nun aber
die vier Übel?«

»Nicht belehren, aber töten

– das ist grausam.

Von den Menschen etwas fordern, aber sie nicht vorbereitet haben

– das bringt sie in Bedrängnis.

Nachlässig sein im Befehlen, aber prompte Ausfüh-
rung fordern

– das verletzt die Menschen.

Anderen Lohn zu schulden, aber dabei zu knausern

– das ist kleinlich.«

XX,3 Konfuzius sprach: »Wer den Willen des Himmels nicht kennt, kann kein Edler sein.

Wer die Regeln sittlichen Verhaltens nicht kennt, hat
im Leben keinen festen Stand.

Wer nicht Worte richtig zu verstehen weiß, kann die
Menschen nicht erkennen.«[255]

Zur Aussprache
der chinesischen Namen und Begriffe

Zur Wiedergabe der chinesischen Namen und Begriffe wird die in der Volksrepublik China 1958 eingeführte Pinyin-Umschrift verwendet. Dabei entsprechen die chinesischen Buchstaben annähernd folgenden deutschen (oder zuweilen englischen) Lauten:

c	*ts*
ch	*tsch*
h	*ch* (in »ach«)
j	engl. *j* (in »jeep«)
q	engl. *ch* (in »cheap«)
r	*j* (in »Journal«), mit zurückgebogener Zungenspitze
s	scharfes *s*
sh	*sch*
x	*ch* (in »ich«)
y	*j*
z	stimmhaftes *ds*
zh	*dsch* (in »Dschungel«)
a	*a* (in »ja«)
ao	*au*
ai	*ei* (in »nein«)
e	abgeschwächtes *e* (in »Anne«)
ei	engl. *ei* (in »eight«)
ian	*jen* (in »Jens«)
ie	*je* (in »jetzt«)
ong	*ung*
ou	engl. *o* (in »no«)
u	*u* (in »gut«)

i   wird nach *ch*, *c*, *r*, *s*, *sh*, *z*, *zh* nicht gesprochen,
       sondern verlängert den vorhergehenden Konsonanten

u   wird nach *j*, *q*, *x*, *y* wie *ü* gesprochen (»Lun-yu« also
       wie: Lun-jü)

i   wird vor folgendem Vokal halbvokalisch gesprochen
       (zwischen *i* und *j*)

u   wird vor folgendem Vokal halbvokalisch gesprochen
       (wie engl. *w* in »what«)

Anmerkungen

Grundlage der Übersetzung ist der *Lun-yu*-Text aus *Zhu-zi ji-cheng*, Bd. 1, Shanghai 1954. Die innere Gliederung und Struktur der Kapitel orientiert sich an Yang Bo-jun, *Lun-yu yi-zhu*, Peking 1963.

Kapitel I

1 Mit »üben« geben wir das chinesische Zeichen *xi* wieder. Gemeint ist »üben in Anwendung des Gelernten«. Das schließt »wieder-holen« und »nachahmen« ein. Es meint die Einheit der geistigen und praktischen Ebene.

2 You-zi = Meister You. Ein Schüler des Konfuzius, der dann selbst »Meister« genannt wurde. Sein Name war You Ruo.

3 Gemeint sind *xiao* = pietätvolle Fügsamkeit und *ti* = Achtung ge-genüber dem älteren Bruder. Ursprünglich sind es Normen und Werte innerfamiliären Lebens, die von Konfuzius – nunmehr im Sinne einer Normen- und Regelkongruenz beider Sphären – zur Ordnung des gesamtgesellschaftlichen Lebens in Anspruch ge-nommen werden. Beide Normen drücken Bindung wie Abstu-fung aus; sie werden von Konfuzius rationalisiert im Zusammen-hang mit der Formierung seines Konzepts einer integrativen Einbindung von Hierarchie und sozialer Differenzierung in ein harmonisch ausbalanciertes System gesellschaftlicher Ordnung. Sie dienen damit der umgreifenden moralischen Norm integrati-ven Verhaltens als Ausdruck von Sittlichkeit.

4 Die Familie ist die Quelle des richtigen Gesamtverhaltens, damit der Sittlichkeit und des Guten schlechthin. Sie ist Quelle in dem Sinne, daß sie richtiges Verhalten produziert; sie ist *ben* (»Wurzel, Grundlage«) des Sittlichen. Das richtige Verhalten zu anderen Menschen ist die sittliche Grunderfahrung, die in der Familie ge-wonnen wird. Die Familie ist für den Konfuzianismus zugleich Mittel sittlich-sozialer Disziplinierung.

5 Im Text steht *ren*. Wir haben dieses Zeichen hier mit »guter Charakter« übersetzt und sind dabei an die Grenzen seines Bedeutungsfeldes gelangt.

6 Zeng-zi = Meister Zeng. Ein Schüler des Konfuzius, der später selbst »Meister« genannt wurde. Sein Name war Zeng Shen.

7 Die Zahl der Kriegswagen bildete ein Maß für die Stärke eines Staates. Zur damaligen Zeit war ein Staat, der über tausend Kriegswagen verfügte, durchaus kein großer und mächtiger Staat mehr, sondern eher ein kleiner und schwacher. Das war eine Folge des zu Beginn der Chun-qiu-Zeit (8. Jh. v. Chr.) einsetzenden Wettrüstens zwischen den Staaten.

8 Damit sind die guten Prinzipien, aber auch die guten Menschen gemeint. (Im Text steht *ren*.)

9 An dieser Stelle gehen beim Terminus *jun-zi*, »Edler«, zwei Bedeutungsfelder (siehe Nachwort) ineinander über: *jun-zi* zur Bezeichnung eines Machtstatus (Herrscher) und *jun-zi* als »exemplarische Persönlichkeit (von moralischer Exzellenz)«.

10 Zi-gong war ein Schüler des Konfuzius. Was Zi-qin betrifft, so ist dies zweifelhaft.

11 Im Text steht *li*, urspr. »Opfern« bzw. »Verhalten beim Opfer«.

12 Hier wird sehr nachdrücklich auf die wechselseitige Abhängigkeit von Harmonie und *li* (Riten, Zeremonien, allgemeine Formen anständigen Umgangs im Sinne der Einhaltung hierarchisch abgestufter Ordnung) hingewiesen. Dabei deutet sich hier der Gedanke an, *li* benötige *ren*, da sonst Harmonie und Einklang nicht erreichbar sind, wobei *ren* die Integration der Stufungen in das geordnete Ganze meint.

13 Auch wer arm ist, soll mit innerer Freude dem rechten Weg folgen.

14 *Buch der Lieder* = *Shi-jing*. Liedersammlung aus der Zeit zwischen dem 11. und 7. Jh. v. Chr. Sie enthält, namentlich im zweiten Teil, höfische Lieder, aber auch solche, die einen sozialen Protest artikulieren, vor allem im ersten Teil. – Das *Shi-jing* wurde mit vier anderen Schriften in der Han-Zeit (2. Jh. v. Chr.) – im Zeichen des Konfuzianismus – zu den *Fünf kanonischen Büchern* (*wu jing*) zusammengefaßt. Es handelt sich dabei noch um das *Shu-jing* (*Buch der Urkunden*), das *Yi-jing* (*Buch der Wandlungen*), das *Li-ji* (*Aufzeichnungen über die Riten*) und das *Chun-qiu* (*Die Frühlings- und Herbstannalen*, eine Chronik

des Staates Lu der Jahre 722 bis 481 v. Chr.). Dabei bedeutet das Zeichen *jing*, »Leitfaden, grundlegende Regel«, urspr. »Kette eines Gewebes«. Hier entsteht die gedankliche Assoziation von Gewebe (als stoffliches Material) und Gesellschaft (als eine Art soziales »Gewebe«).

15 Das Verhalten der Menschen muß durch *li* geformt sein; es muß den Grenzen und Beschränkungen des *li* unterworfen werden. So heißt es: »Wie bei Elfenbein oder Edelstein – man muß schneiden und polieren, man muß schleifen und glätten.«

Kapitel II

16 Für Konfuzius war das *Buch der Lieder* vor allem ein »Buch der Moral«. Es hatte für ihn vor allem ethische Bedeutung und sollte den Menschen »veredeln« helfen.

17 Meng Yi-zi entstammte einer der derzeitigen drei großen Aristokraten-Familien des Staates Lu.

18 Die Ahnenverehrung ist das Mittel, wodurch die Toten Macht über die Lebenden behalten.

19 Sohn des Meng Yi-zi.

20 Gemeint ist der Schüler Yan Hui (Yan Yuan). Er gilt allgemein als der Lieblingsschüler des Konfuzius.

21 »Der Edle«, *jun-zi*; »der Gemeine«, *xiao ren* (der gewöhnliche, kleine Mann; der Mensch von geringer moralischer Qualität). Der Edle ist damit ein Edler, daß er nicht parteiisch ist, daß er nicht aus Eigeninteresse eine Clique (»Partei«) bildet; er wendet seine moralischen Grundsätze auf alle an und hat dabei die Ordnung des Ganzen im Blick.

22 *gong* ist ein Adelstitel und wird oft mit »Herzog« übersetzt.

23 Ji Kang-zi war ein Adliger in Lu.

24 *Buch der Urkunden* = *Shu-jing* (eigtl. ein »Buch der Geschichte«). Eines der *wu jing*, der *Fünf kanonischen Bücher* (s. Anm. 14). – Teile des Textes sollen sehr frühen Ursprungs sein. Ihr Entstehen soll hinter das 12. Jh. v. Chr. zurückreichen. Andere Teile sollen etwa im 8. Jh. v. Chr entstanden sein, manche gar erst im 3. Jh. v. Chr.

25 Gemeint ist die Shang-Dynastie (16.–11. Jh. v. Chr.).

26 Xia-Dynastie: 21.–16. Jh. v. Chr.

27 Zhou-Dynastie: westliche Zhou: 11. Jh. bis 771 v. Chr., östliche
   Zhou: 770–256 v. Chr.
28 Für »Sitten und Ordnung« der einzelnen Dynastien steht im
   Text *li.*

Kapitel III

29 Die Ji-Sippe, ein Adelsgeschlecht im Staate Lu und mit dem
   Herrscherhaus verwandt, gehörte zu den *san jia,* den drei mächtigen Familien, die sich damals in Lu in die Macht teilten. Konfuzius kritisierte, daß sich die Ji-Sippe mehr Macht anmaßte, als
   ihr – dem *li* gemäß – zustand. *li*-gemäß war es das Vorrecht des
   Königs (des »Sohns des Himmels«), acht Gruppen für rituelle
   Tänze und Musik zu haben. Dem Herrscher eines Teilstaates
   (wie Lu) standen sechs solcher Gruppen, einem hohen Aristo-
   kraten-Beamten nur vier zu. Das Haupt der Familie Ji hätte sich
   also nur vier Gruppen halten dürfen.
30 Pflichten gegenüber den Menschen = Mit-Menschlichkeit (*ren*).
31 Mann aus dem Staate Lu.
32 Einer der fünf Berge, die im alten China von besonderer spiritueller Bedeutung waren. Ihm wurden Opfer gebracht, die nur der
   Herrscher des Gesamtreiches selbst vollziehen konnte.
33 Ran You oder Ran Qiu war einer der Schüler des Konfuzius.
34 Das große Opfer konnte eigentlich nur der Herrscher des Gesamtreiches als »Sohn des Himmels« darbringen. Konfuzius
   mißbilligt hier, daß sich Herrscher von Teilstaaten dieses Recht
   anmaßen.
35 Wang-sun Jia meinte mit »Geist des inneren Hauses« die Fürstin
   von Wei, mit dem »Geist des Herdes« sich selbst. Er wollte offensichtlich mit diesem Vergleich dem Konfuzius seine Macht-
   stellung im Staate Wei verdeutlichen. Doch der Meister verweist
   auf den Himmel, den er hier als Synonym für die rechte Moral
   versteht.
36 Mit »Ich folge Zhou« drückt Konfuzius aus, daß er die rituellen
   Formen der Ein- und Unterordnung sowie des Verkehrs zwischen den unterschiedlichen Stufungen (*li*), wie sie für die Zhou-
   Gesellschaft charakteristisch waren, erhalten möchte.
37 Mit dem »Mann aus Zou« ist der Vater des Konfuzius gemeint.
   Er war in Zou Beamter gewesen.

38 Wir schließen uns hier der Interpretation von Zhang Bo-jun an. Zi-gong meint: Wozu noch ein solch formales Opfer, wenn die Herrschenden sich ohnehin nicht korrekt verhalten! Sie opfern den Ahnen, aber folgen ihnen nicht.

39 Schüler des Konfuzius.

40 Vgl. Anm. 25.

41 Diese Stelle wird klarer, wenn man berücksichtigt, daß »Furcht haben«, »vor Furcht zittern« z. T. mit dem Zeichen für »Kastanie« (*li*) wiedergegeben wird.

42 Guan Zhong, ein Staatsmann aus der frühen Chun-qiu-Zeit (7. Jh. v. Chr.), hatte zum Erstarken des Staates Qi maßgeblich beigetragen. Er war ein Reformer und brach offenbar auch im eigenen Lebensstil mit gewissen Konventionen, was von Konfuzius als anmaßend verworfen wird.

Kapitel IV

43 Im Text steht *ren*.

44 Nur wer selbst sein Ego zur Gemeinschaft hin entgrenzt und in diesem Sinne sich mit-menschlich (*ren*) verhält, hat das richtige Maß, um andere zu lieben oder zu hassen.

45 Im Text steht *ren* (Mit-Menschlichkeit als Inbegriff von Sittlichkeit).

46 Im Text steht *ren*.

47 Vgl. Anm. 6.

48 Im Text stehen die Zeichen *zhong* und *shu*. *zhong* meint Treue und Loyalität in der Ausfüllung meines Platzes, mit dem Herzen auf die Balance der Mitte ausgerichtet; *shu* bedeutet das Gleichmachen mit anderen in *dem* Sinne, daß man seine Selbstsucht überwindet und somit – bezogen auf den gesamten Ordnungszusammenhang – das Rechte tut. Siehe Nachwort.

49 *dao* in der Doppelbedeutung von »Lehre« (»Prinzipien«) und »Weg« (»praktisches Verhalten«). Das Zeichen *dao* besteht aus zwei Teilen, von denen der eine »Kopf« und der andere »Fuß« bedeutet.

50 Die Selbstkontrolle wurde als wesentliches Element der sozialen Harmonie verstanden (s. auch Kap. IV,24).

Kapitel V

51 Wie ein wertvolles Opfergefäß bei besonderen sakralen Handlungen Verwendung fand, so war Zi-gong – nach der Meinung
   des Konfuzius – für Hohes zu gebrauchen.

52 Bescheidenheit gehörte zur Ehrfurcht und bezeichnete die Bereitschaft zur pflichtgemäßen Ein- und Unterordnung.

53 Vgl. Anm. 19.

54 Vgl. Anm. 7.

55 Zi-hua (Chi) – wie auch Zi-lu und Ran Qiu (Ran You) – ein
   Schüler des Konfuzius.

56 Gemeint ist vor allem des Meisters Kenntnis der alten Schriften
   (im Text steht *wen zhang*) wie das *Shi-jing* (*Buch der Lieder*)
   und das *Shu-jing* (*Buch der Urkunden*).

57 »Natur des Menschen« = menschliche Natur.

58 Gemeint sind möglicherweise Naturphänomene, der Wechsel
   der Jahreszeiten, die Bewegung der Sterne usw.

59 Hoher Beamter im Staate Wei. Kong Wen-zi war ein postumer
   Ehrenname.

60 Zi-chan, Kanzler des Staates Zheng (542–522 v. Chr.), hatte ein
   Steuer- und Abgabensystem sowie einen Strafkodex und weitere
   fortschrittliche Maßnahmen eingeführt.

61 Hoher Beamter im Staate Qi.

62 Hoher Beamter im Staate Lu. Die älteren Kommentare meinen,
   daß Konfuzius weniger die Verschwendung als wiederum die
   rituell-politische Anmaßung dieses Beamten kritisiert habe. Nur
   der Herrscher habe sich eine so große Schildkröte halten dürfen,
   die Beamten hätten sich mit einer kleineren begnügen müssen.
   Hinzuzufügen ist, daß die Schildkröte für das Orakel gebraucht
   wurde und darum ein Tier von besonderer staatspolitischer Bedeutung war.

63 Kanzler im Staate Chu.

64 Beamter im Staate Qi.

65 »Er gab sich wie ein Tor«: Damit ist eine Erscheinungsform von
   Weisheit gemeint.

66 Wahrscheinlich ein Mann aus Lu.

67 Die Identität von Zuo Qiu-ming ist unsicher.

68 Zi-lu geht es um materielle Dinge; Yan Hui erstrebt für sich gute

Eigenschaften; Konfuzius aber ist selbstlos auf das Wohl anderer ausgerichtet.

69 *zhong* = Treue/Loyalität; *xin* = Aufrichtigkeit/Vertrauenswürdigkeit/Zuverlässigkeit.

Kapitel VI

70 Im Text steht *nan mian*, »mit dem Gesicht nach Süden«. Wir übersetzen: »einen Staat anvertrauen«. Im alten China saßen die Herrscher mit dem Gesicht nach Süden. Darum ist »nach Süden gewandt« hier als Synonym für »herrschen« zu verstehen. – Übrigens galt im alten China der Süden als eine besondere Himmelsrichtung. Bei den Chinesen alter Zeit bestand die Vorstellung von der Unendlichkeit des Südens. Die Wiege der chinesischen Kultur stand am Gelben Fluß, dem Huang-he. Bei der Expansion der chinesischen Kultur gab es lediglich in südlicher Richtung keine nennenswerten geographischen Hindernisse, denn nach Norden stieß man auf Gebirge, im Westen traf man auf die Wüste, und im Osten begann das Meer. Dagegen schien das Land in südlicher Richtung kein Ende zu nehmen. Hinzu kommt, daß durch die Gründung der Zhou-Dynastie das Verhältnis zwischen Ost und West zu einem innenpolitischen Spannungsfeld geworden war. Dagegen kam es an der Nordgrenze zu ständigen Auseinandersetzungen mit den Nomaden der Steppenvölker. Hier prallten die sozialen und ökonomischen Gegensätze, so auch der Gegensatz zwischen sessiler und nomadisierender Lebensweise, besonders heftig aufeinander. So war es kein Zufall, daß die chinesische Mauer gerade an der Nordgrenze gebaut wurde. Dagegen brauchte das Land im Süden nicht gewaltsam erobert zu werden. Vielmehr brauchte man dort die chinesische Kultur nur zu etablieren. Die Völker im Süden waren dafür kein Hindernis. Sie wurden von den Chinesen assimiliert oder verdrängt. So glaubten die Chinesen, das Land im Süden gehöre ihnen von Natur aus.

71 Es ist nicht sicher, wer Zi-sang Bo-zi war.

72 Es handelt sich hier um alte chinesische Getreidemaße. Ein fu = 64 sheng. Ein yu = 16 dou = 160 sheng. Ein bing = 16 hu = 1600 sheng. Ein sheng ist etwas weniger als ½ Liter.

73 Konfuzius benutzt dieses Gleichnis, um seinen Schüler Zhong-gong in Schutz zu nehmen. Dieser könne schließlich nichts für seinen Vater. – Mit dem Kalb ist hier ein Opfertier gemeint. »Geopfert werden« war Verwendung für einen höheren Zweck. Indem Zhong-gong mit dem Kalb verglichen wird, soll unterstrichen werden, daß es sich um einen würdigen Menschen handelt. Das Kalb als Opfertier sollte rotbraun sein, da Rot die Farbe der Zhou-Dynastie war.

74 Vgl. Anm. 23.

75 Vgl. Anm. 29.

76 Bei »Bi« handelte es sich um ein Gebiet, das der Ji-Sippe tributpflichtig war.

77 Hier wird gesagt, daß die Treue gegenüber den richtigen Prinzipien unter Umständen vom einzelnen verlangt, sich zu verweigern. Treue schließe Standhaftigkeit ein.

78 Offenbar hatte der Schüler Bo-niu eine ansteckende Krankheit, so daß er niemanden zu sich ließ. Darum ergriff der Meister vom Fenster aus seine Hand. Konfuzius schätzte Bo-niu wegen seiner moralischen Qualitäten.

79 Im Text steht *xian*, »die Einheit von Weisheit und Tugend«.

80 Sei als Gelehrter ein Edler, nicht aber ein Gemeiner! Folge sittlichen Prinzipien und verkörpere als Gelehrter das *dao*. Das ist die einzige Stelle in den *Gesprächen*, wo das Zeichen *ru* – als »Gelehrter« übersetzt – erscheint, das Zeichen, nach dem später die Schule der Konfuzianer *Ru*-Schule (*Ru-jia*) genannt wurde.

81 Meng Zhi-fan war ein Beamter im Staate Lu. Es handelt sich hier um eine Schlacht gegen den Staat Qi, die im elften Jahr der Herrschaft des Ai-gong von Lu (483 v. Chr.) stattfand.

82 Erst das Streben nach persönlicher Vollkommenheit, dann die Früchte des Amtes.

83 Das Wasser ist ständig in Bewegung. Es fließt unaufhörlich. So ist auch die ganze äußere Welt ein permanenter Fluß. Wer auf die Kenntnis der äußeren Dinge aus ist, liebt das Wasser; er muß der Bewegung folgen. Der Berg hingegen ruht in sich. Er ist das Symbol innerer Harmonie und Ausgeglichenheit; er ist wie der Edle, der sittlich vollkommene Mensch.

84 Gemeint ist eine bestimmte Sorte von Opfergefäßen, die viereckig waren und als *gu* bezeichnet wurden. Inzwischen hatten diese Gefäße ihre Gestalt verändert, die Bezeichnung *gu* war aber geblieben. Für Konfuzius ist nun *gu* nicht mehr *gu*. Mit

diesem Gleichnis kritisiert Konfuzius, daß zu seiner Zeit Herrscher nicht mehr Herrscher und Untertan nicht mehr Untertan war, es geht ihm also um »Richtigstellung der Namen« (*zheng ming*; siehe Nachwort S. 186 f.).

85 Im Text steht *ren*.

86 Die Nan-zi, Gemahlin des Herrschers von Wei, galt als verdorben, sie soll sexuellen Verkehr mit ihrem Halbbruder gepflegt haben.

87 Yao und Shun: legendäre Kaiser des chinesischen Altertums, die von Konfuzius glorifiziert wurden.

Kapitel VII

88 Über Lao Peng wurde bislang nichts Zuverlässiges ermittelt. Möglicherweise handelte es sich sogar um zwei Personen, um Lao und Peng.

89 Zhou-gong (»Herzog von Zhou«) war der Sohn des Zhou-Königs Wen und ursprünglich »Lehnsfürst« von Lu, faktisch der »Ahn« des Staates Lu. Er hatte großen Einfluß auf die Geschicke des Reiches gehabt, ohne je selbst König gewesen zu sein. Konfuzius sah in ihm sein Vorbild und verehrte ihn sehr.

90 Im Text steht *ren*, das wir hier mit »tu, was sich gehört« wiedergeben.

91 Das steht in inhaltlichem Zusammenhang mit Kap. XV,39: »Bildung soll allen zugänglich sein. Man darf keine Standesunterschiede machen.« Der Schüler sollte etwas mitbringen, um damit seine Höflichkeit unter Beweis zu stellen. Es war eine symbolische Geste.

92 Die Musik des Kaisers Shun, des legendären Nachfolgers des Sagen-Kaisers Yao, war die *shao*-Musik. Sie galt als in sittlicher und ästhetischer Hinsicht besonders vollkommen.

93 Bo-yi und Shu-qi waren zwei vorbildhafte Gestalten aus dem Altertum. Ihr Vater wollte den jüngeren Shu-qi als Nachfolger, der dies aus Rücksicht auf seinen älteren Bruder ablehnte. Beide verzichteten auf das Amt und flohen in die Berge. Schließlich verhungerten sie, weil sie die Abhängigkeit von der neuen Macht der Zhou (Zhou-Dynastie) nicht ertragen wollten. Sie

opferten ihr Leben für das moralische Prinzip. Die moralische Größe beider dient als Maß für das Urteil über den Herrscher von Wei.

94	She: ein Gebiet in dem im Süden des Reiches gelegenen Staate Chu.

95	Konfuzius selbst versteht sich als der Hüter von Kultur und Zivilisation, der eine »himmlische« Mission zu erfüllen hat. Er versteht sich als *men*, »Tür, Tor«, für das *dao*, »den richtigen Weg«. Was die Feinde betrifft: Im Text steht dafür der Name Huan Tui. Wir haben hier eine etwas freiere Übersetzung von allgemeinerer Bedeutung gewählt. Huan Tui war ein Beamter aus dem Staate Song, der – wie die Legende berichtet – Konfuzius töten lassen wollte, als er durch diesen Staat reiste.

96	Im Text steht: »Wissen zweiter Stufe«. So übersetzt auch Wilhelm. »Wissen erster oder höchster Stufe« ist demgegenüber »angeborenes« Wissen (siehe Nachwort S. 201).

97	Es ist heute nicht mehr ganz klar, was mit diesem Gebiet Huxiang gemeint ist.

98	»Tugend der Menschenliebe« = integrative Mit-Menschlichkeit (*ren*).

99	Gemeint ist der Schüler Zi-hua.

Kapitel VIII

100	Tai-bo war der älteste Sohn des Ahns der Zhou. Angespielt wird auf Vorgänge, die sich zur Zeit des Verfalls der Shang-Dynastie zutrugen. Der Vater des Tai-bo hatte den Gedanken erwogen, das Herrscherhaus der Shang zu stürzen. Tai-bo als sein ältester Sohn und damit – im Falle des Sturzes der Shang – sein Nachfolger auf dem Thron war aus Gründen der Loyalität zur bestehenden Herrschaft dagegen. So hat er sich – wie es heißt – zu den Barbaren des Südens zurückgezogen und auf die Möglichkeit, Herrscher über das Reich zu werden, verzichtet. Seine Familie wurde später – nach der Gründung der Zhou-Dynastie – mit dem Staat Wu »belehnt«. Erst der Enkel des Bruders von Tai-bo, der spätere Zhou-König Wu, stürzte im 11. Jh. v. Chr. die Shang-Dynastie.

101 Wir übersetzen hier *li* als »Grenze«, als »Grenze des Anstandes«, als Verhalten »wie es sich ziemt«, als Einhalten der »guten Traditionen«. Wir wollen damit auch ausdrücken, daß *li* »Formung« wie auch »Fesselung« (»Beschränkung«) des Verhaltens bedeutet.

102 Die übliche Erklärung ist, daß es die Pietät gegenüber den Eltern erfordert, seinen eigenen Körper unversehrt zu erhalten, da er von den Eltern stammt.

103 Beamter im Staate Lu.

104 Hier wird von *jun-zi* als »Mann von Macht« gesprochen.

105 Wörtlich steht: »Was hingegen die Opfergefäßt betrifft, so gibt es dafür besondere Beamte.«

106 Vgl. Anm. 89.

107 Diese Stelle bringt das *li*-Denken des Konfuzius, sein Standesdenken, zum Ausdruck. Jeder soll seiner Stellung in der Gesellschaft entsprechen. Aber keiner soll darüber hinausgehen, denn das ist für Konfuzius Anmaßung und der Beginn der gesellschaftlichen Unordnung, des ungeregelten Durcheinanders.

108 Yao, Shun und Yu waren die drei Sagenkaiser, die im 3. Jt. v. Chr. über das Reich geherrscht haben sollen. Konfuzius betrachtete sie als Kultur-Schöpfer.

109 Vgl. Anm. 101.

110 König Wu war der eigentliche Begründer der Zhou-Herrschaft. Er stürzte die Shang und soll zwischen 1122 und 1115 v. Chr. regiert haben.

111 Hiermit ist möglicherweise die Gemahlin des Königs Wen gemeint. Sie soll die Hauptstadt verwaltet haben.

112 König Wen war der Vater des Zhou-Königs Wu. Er hatte zwei Drittel des Reiches in seiner Gewalt. Doch erst sein Sohn stürzte die Shang.

113 Im Text steht wörtlich: »Er verwendete alle Kräfte für die Regulierung der Gewässer.« Gemeint ist: Kaiser Yu wohnte in einem einfachen Haus. Er verzichtete auf einen prunkvollen Palast, da er alle Kräfte für das Gemeinwohl einsetzte.

Kapitel IX

114 Daß Konfuzius selten über Gewinn und Schicksal sprach, ist einleuchtend. Nur wenn die Gesellschaft über das korrekte Verhalten ihrer Mitglieder ordentlich organisiert ist, kann nach konfuzianischer Auffassung Nutzen für alle gewonnen werden. Steht jedoch das Streben nach Profit im Vordergrund, wird das Konkurrieren um den persönlichen Vorteil erzeugt, welches jenes Chaos hervorbringt, das am Ende den erhofften Nutzen verhindert. Mit *ming*, »Schicksal«, ist der Wille des Himmels gemeint. Der Himmel wird von Konfuzius letztlich als äußere Stütze und legitimatorische Basis seiner Ethik benutzt; aber im Vordergrund steht für ihn die Ordnung der menschlichen Lebenswelt.

Schwierigkeiten bei der Interpretation bereitet die Behauptung, Konfuzius habe selten über *ren*, hier als »Menschenliebe« übersetzt, gesprochen; in Wirklichkeit erscheint dieses Zeichen aber in den *Gesprächen* 109mal. Wir versuchen die Erklärung in zweierlei Richtung: Erstens spricht Konfuzius meistens dann über *ren*, wenn er auf Fragen anderer antwortet: Deshalb übersetzen wir, Zhang Bo-jun folgend, daß Konfuzius »von sich aus« nur selten über *ren* sprach. Zweitens spricht Konfuzius kaum über *ren* als Abstraktum, als Wert an sich. Es ging ihm vielmehr stets um konkretes Verhalten. Mit der Übersetzung von *ren* als »Menschenliebe« soll die Abstraktheit des Begriffs wiedergegeben werden. In diesem Sinne, so meinen wir, hat Konfuzius wirklich nur selten über »Menschenliebe« gesprochen.

115 Diese Antwort ist offensichtlich ironisch gemeint.

116 Nachdem Konfuzius den Staat Wei verlassen hatte, um sich in den Staat Chen zu begeben, passierte er Kuang. Dieses Gebiet war einmal Opfer einer Aggression des Staates Lu geworden, des Heimatstaates von Konfuzius.

117 Der Zhou-König Wen war der Vater des Königs Wu. Von ihm hieß es, daß er bereits zwei Drittel des Reiches besessen, aber immer noch treu den Shang gedient habe (s. Kap. VIII,20 und Anm. 112).

118 Konfuzius versteht sich als Träger, Bewahrer und Überlieferer von (Menschheits-)Kultur; siehe Nachwort und Anm. 95.

119 Der Text läßt offen, aus welchem Staat des damaligen China dieser Premierminister stammte.

120 Zheng Xuan zufolge, der in der Han-Zeit den ersten Kommentar zu den *Gesprächen* schrieb, soll Lao ein Schüler des Konfuzius sein.

121 Dieser Satz ist im Zusammenhang mit Kap. IX,6 zu sehen. Konfuzius meint, er habe sich mit Nebensächlichem beschäftigt, weil er nicht mit größeren Aufgaben betraut wurde. Eine Abwertung des Staatsdienstes, eine Gegenüberstellung von Lernen und Staatsdienst, wie zum Teil herausgelesen wird, wäre nicht konfuzianisch gedacht. Für Konfuzius war gerade das Lernen zum Zwecke der Politik wesentlich.

122 Der Phönix galt als Vogel der Freude und des Glücks; er bedeutete Frieden. Solche Vögel sollen der Sage nach zur Zeit des legendären Kaisers Shun (3. Jt. v. Chr.) sowie des Zhou-Königs Wen erschienen sein. Das Erscheinen des Phönix sollte ein Zeichen dafür sein, daß ein weiser Herrscher kommt und die Welt in Ordnung bringt.

123 Wenn ein Weiser das Mandat des Himmels zum Regieren erhält, dann läßt der Legende nach der Gelbe Fluß auf dem Rücken eines sagenhaften Tieres, eines Drachenpferdes (Flußpferdes) oder einer Schildkröte, mysteriöse Zeichen erscheinen. Konfuzius will an dieser Stelle ausdrücken, daß ein solcher Weiser damals nicht in Sicht war.

124 Konfuzius zweifelt daran, ob sich noch ein Herrscher findet, der bereit ist, seine Lehre aufzunehmen.

125 Mit »Edelstein« sind die Fähigkeiten und Talente, vor allem die Rolle des sittlich-moralischen Modells und das Wissen von der rechten Art des Regierens, gemeint. »Verkaufe ihn!« Damit meint Konfuzius, daß man die Möglichkeiten nutzen soll, seine eigenen Vorstellungen von gesellschaftlicher Ordnung zu verwirklichen. »Doch auf den Händler würde ich warten« ist ein Aufruf zur Zurückhaltung, eine Warnung davor, jedwedem zu dienen. Man soll dem Herrscher dienen, der das Rechte tut.

126 Im 11. Jahr der Herrschaft des Ai-gong von Lu (483 v. Chr.).

127 »Festgesänge« (*ya*) und »Lobgesänge« (*song*) sind einerseits Teile des *Shi-jing* (*Buch der Lieder*). Andererseits handelt es sich um eine allgemeine Klassifizierung von Liedern und Gesängen. Die konfuzianische Tradition hat nur die erste Bedeutung gesehen und daraus geschlossen, daß Konfuzius das *Shi-*

jing (*Buch der Lieder*) kompiliert habe, was jedoch Mutma-
ßung bleibt.

128 Möglicherweise zielt diese Bemerkung darauf, daß die Herrschenden jener Zeit – wie Konfuzius meinte – mehr sinnlichem
Genusse frönten, als ihrer sittlichen Verantwortung bewußt zu
sein. Wilhelm gibt an, daß dieser Bemerkung ein bestimmtes
Erlebnis zugrunde lag, das Konfuzius im Staate Wei hatte: Bei
einer Spazierfahrt fuhr der Fürst »mit der schönen Frau voraus, und der Meister wurde in den zweiten Wagen verwiesen,
so daß auf dem Markt Spottlieder gesungen wurden über die
Schönheit, die vorausfährt, und die Weisheit, die hinterdrein
kommt« (Richard Wilhelm, *Kung-tse*, Stuttgart 1925, S. 34).

129 Diese Textstelle betont die sittliche Eigenverantwortung des einzelnen, die Notwendigkeit seiner eigenen sittlichen Aktivität.

Kapitel X

130 Kap. X fällt etwas aus dem Rahmen. Es wird das formale Verhalten von Konfuzius als Person beschrieben, weniger seine
Vorstellungen von Moral und gesellschaftlicher Ordnung. Be-
züglich der formalen Seite fällt auf, daß Konfuzius hier nur
einmal *zi*, »Der Meister«, genannt wird, sonst ist von *Kong-zi*,
»Meister Kong«, »Konfuzius«, oder *jun-zi*, »dem Edlen«, die
Rede. Offenbar stammt also Kap. X aus einer anderen Quelle.
Möglicherweise sind deshalb auch Vorgänge und Verhaltensweisen, die hier von Konfuzius behauptet werden, nicht au-
thentisch, sondern sind Zeremonien, die ihm erst nachträglich
zugeschrieben wurden. Besonders in Kap. X kommt zum Ausdruck, welche Bedeutung der Konfuzianismus den Formen des
Verhaltens beimißt.

131 Festkleidung: Sie wurde bei Opferzeremonien sowie bei Audienzen getragen.

132 Fasten ist Mittel zur inneren Reinigung. Der inneren Reinigung entsprach die äußerliche Reinlichkeit. Dies förderte den
Gedanken an die Harmonie von innen und außen.

133 Das Fleisch vom Opfertier wurde eigentlich nicht zur Sätti-
gung genossen, sondern aus Ehrfurcht gegenüber den Ahnen
und Geistern. Deshalb wurde davon kein Vorrat angelegt.

134 Vgl. Anm. 23.

135 Wohl in der Absicht, für spätere Opferzeremonien ein Opfertier zu haben.

136 Im allgemeinen war es Sitte, daß der Hausherr auf der Treppe an der östlichen Seite des Hauses seine Gäste empfängt; dabei blickt er gen Westen, während die Gäste, aus westlicher Richtung kommend, gen Osten blicken. Wenn aber der Herrscher das Haus betritt, verändert sich das Verhältnis Gast – Gastgeber. Jetzt erscheint der Herrscher als Haupt des Staates und zugleich auch als Haupt des Hauses. Er blickt so aus der Richtung des Gatgebers, aus östlicher Richtung. Der Hausherr mußte also gen Osten blicken. Als Konfuzius krank war, wurde deshalb beim Besuch des Herrschers das Bett, das ursprünglich westlich des Südfensters aufgestellt sein mußte, so umgestellt, daß er gen Osten blicken konnte.

137 Wie Kap. III,5.

138 Das war ein Ausdruck der Achtung gegenüber dem Gastgeber.

139 Donner und Wind waren »Zeichen« des Himmels.

140 Von alters her gibt es für diese Stelle keine befriedigende Erklärung. Möglicherweise ist der Text verstümmelt worden.

Kapitel XI

141 Um 489 v. Chr. soll sich Konfuzius auf dem Wege vom Staat Chen nach Cai befunden haben, als er von Beamten des Staates Chen verhaftet worden sei. Man befürchtete, daß Konfuzius sich in den großen südlichen Staat Chu begäbe und diesen in seinen Angriffsoperationen moralisch unterstütze, und wollte das verhindern.

142 Vgl. Kap. V,2.

143 Diese Stelle steht im Widerspruch zum *Shi-ji* (*Historische Aufzeichnungen*) des Si-ma Qian aus der Han-Zeit, wo vermerkt ist, daß der Schüler Yan Hui vor dem Sohn des Konfuzius gestorben sein soll. – Der Prunksarg zeigte an, daß es sich um das Begräbnis eines Menschen aus der oberen Schicht der Gesellschaft handelte.

144 Der Originaltext drückt mehr Bescheidenheit aus als diese von uns hier angebotene Übersetzung. Wir haben sie aber der Les-

barkeit halber gewählt. Im Text steht: »Ich folge den hohen Beamten nach« bzw. »Ich bin im Gefolge der hohen Beamten«.
Wie im Nachwort erwähnt, soll Konfuzius Minister für öffent-
liche Arbeiten und danach Justizminister im Staate Lu gewesen
sein – dies aber schon lange vor Yan Huis Tod. Möglicherweise
bezieht sich diese Stelle darauf.

145 Man hatte vor, ein »langes Schatzhaus« zu bauen. Offensichtlich war Konfuzius dagegen. Über die Gründe können wir nur
mutmaßen. Ein »langes Schatzhaus« war eine Abkehr von der
bisher geübten Praxis, ein kleineres Schatzhaus zu bauen. Möglicherweise erschien ihm dies auch anmaßend und der Rolle des
Staates Lu nicht gemäß. Vielleicht war es für ihn auch ein Symbol für die übergroße Ansammlung des Reichtums der Herrschenden und damit ein Verstoß gegen soziale Balance und
Ausgewogenheit.

146 Nach einigen Kommentatoren hat Konfuzius den Zi-lu deshalb getadelt, weil sein Lautenspiel etwas Aggressives an sich
gehabt habe. Dieses Aggressive widersprach der Vorstellung
des Konfuzius von der inneren Harmonie, der Balance der
Seele.

147 Ran Qiu war einerseits Schüler des Konfuzius, andererseits Beamter im Dienste der mächtigen Ji-Sippe in Lu.

148 Der Schüler Zi-gong war arm gewesen, aber reich geworden,
obgleich er nicht jene sittliche Vollkommenheit erreichte, wie
sie für Yan Hui bezeichnend war. Hier spiegelt sich ein pessi-
mistischer Zug wider. Hohe Moral wird nicht honoriert, so
meinte Konfuzius.

149 Gemeint ist der Schüler Zi-hua (Kap. VI,4).

150 Vgl. Kap. IX,5 und Anm. 109.

151 Ein *li* sind etwa 0,5 km.

Kapitel XII

152 Im Text steht *ren*.

153 Ein Mann aus dem Staate Song.

154 Im chinesischen Altertum bestand die Vorstellung, wonach
China als »Reich der Mitte« von vier Meeren – entsprechend
den vier Himmelsrichtungen – umgeben wäre. »Innerhalb der
vier Meere« ist danach ein Synonym für China.

155 Siehe Kap. VI,27.

156 Vgl. Anm. 152.

157 Tang gilt als der Begründer der Shang-Dynastie (16. Jh. v. Chr.).
Yi Yin war Minister bei Tang und Vormund seines Enkels und
späteren Nachfolgers. Es zeigt sich eine gewisse Parallele zu
Zhou-gong, dem Herzog von Zhou, dem Bruder des Zhou-
Königs Wu.

158 Siehe Anm. 152. Freundschaft vermag Bindung und Harmonie
im sozialen Verkehr zu fördern, und damit dient sie der Mit-
Menschlichkeit als Inhalt von Sittlichkeit (*ren*).

Kapitel XIII

159 Offensichtlich hatte Konfuzius um 485 v. Chr. auf Vermittlung
seines Schülers Zi-lu die Möglichkeit, ein öffentliches Amt im
Staate Wei zu erhalten. Er schlug jedoch diese Chance zur
praktischen Verwirklichung seiner Ideale aus, weil die Zustände in Wei dagegensprachen. Dort wurden bei der Führung
des Staates die Grundregeln der Pietät und Ehrfurcht verletzt,
indem der Sohn regierte, während das Amt seinem Vater zustand.

160 Hier der Staat als »ausgedehnte« Familie. Hinzu kommt, daß
die Ahnherrn der Staaten Lu und Wei Brüder gewesen sein sollen, und zwar beide Brüder von König Wu, dem Begründer der
Zhou-Dynastie.

161 Ju-fu lag im Staate Lu.

162 *Yi-jing*.

Kapitel XIV

163 Es soll sich hierbei um den Konfuzius-Schüler Nan Rong
(s. Kap. V,2) gehandelt haben.

164 Nach der Legende war Yi ein Minister zur Zeit der Xia-Dynastie (21.–16. Jh. v. Chr.), der die Macht im Reich usurpierte und
schließlich wiederum von einem seiner Minister aus, wie es
heißt, Eifersucht wegen seiner Gewandtheit beim Bogenschießen getötet worden sein soll.

165 Auch Ao soll zur Zeit der Xia-Dynastie gelebt haben. Er soll
    einen Kaiser ermordet haben und später selbst von einem Ver-
    wandten dieses Kaisers umgebracht worden sein. Die Legende
    berichtet, daß Ao über solche Körperkräfte verfügt hätte, daß
    er ein auf Grund geratenes Boot wieder flottmachen konnte.
    Siehe Anm. 108. Yu galt als der Begründer der Xia-Dynastie.

166 Siehe Anm. 108. Yu galt als der Begründer der Xia-Dynastie.

167 Ji soll Landwirtschaftsminister unter dem sagenhaften Kaiser
    Shun gewesen sein. Er gilt als der Ursprung der Zhou. Wenn es
    hier heißt, er habe das Reich erhalten, so kann damit nur ge-
    meint sein, daß seine Nachkommen schließlich ein Jahrtausend
    später mit der Gründung der Zhou-Dynastie das Reich über-
    nahmen. Der ganze Abschnitt ist wiederum als Gleichnis zu
    verstehen. Nan Gong-guo benutzt die Gestalten aus dem Al-
    tertum, um den Meister nach dem Stellenwert der Moral im ge-
    sellschaftlichen Leben zu fragen. Kraft allein bringt nichts ein.

168 Im Text steht *jun-zi*. Damit ist hier wohl nicht der vollkom-
    mene Mensch als Verkörperung des *dao*, sondern »der Herr-
    schende«, »der Regierende« gemeint.

169 Im Text steht *xiao ren*; gemeint ist eine bestimmte soziale Posi-
    tion, nämlich die soziale Unterschicht.

170 Vgl. Anm. 60.

171 Es handelt sich bei dem hier besprochenen Verfahren um das
    Abfassen diplomatischer Schriftstücke im Staate Zheng. Dieser
    Staat war von mächtigen Nachbarn umgeben, mußte deshalb
    eine kluge Außenpolitik betreiben und große Sorgfalt in der
    Diplomatie walten lassen.

172 Beamter im Staate Zheng.

173 Vgl. Anm. 42.

174 Beamter im Staate Lu (aus der adligen Meng-Sippe), angeblich
    ein Bewunderer des Konfuzius.

175 Beamter in Lu, galt als sehr geschickt und weise. Er hatte an-
    geblich den Niedergang des Staates Qi vorausgesehen und das
    Angebot, dort Minister zu werden, abgeschlagen.

176 Möglicherweise ist Bian der Ort, aus dem dieser Zhuang
    stammte. Er war wegen seines Mutes berühmt.

177 Mann aus dem Staate Wei.

178 Damit ist Gong-shu Wen gemeint.

179 Zang Wu-zhong war durch die adlige Meng-Sippe zum Verlas-
    sen von Lu gezwungen worden. Er kehrte aber in sein »Lehen«
    Fang zurück, besetzte es und drohte dem Herrscher von Lu, es

nicht wieder zu verlassen, wenn nicht ein Nachfolger für ihn als Haupt der Zang-Familie ernannt würde. Das war für ihn und seine Familie deshalb wichtig, weil bei seiner Abwesenheit und ohne Nachfolger die Ahnenopfer unterblieben. Das mußte nach herkömmlicher Auffassung Unglück über die Familie bringen.

180 Wen-gong aus dem Staate Jin und Huan-gong aus dem Staate Qi waren damals die beiden Mächtigsten unter den Herrschern der Teilstaaten.

181 Vgl. Anm. 42.

182 Vgl. Kap. XIV,14.

183 Damit sind die aristokratischen Sippen Meng, Shu und Ji gemeint, welche die eigentliche Macht im Staate Lu hatten. Diese drei adligen Geschlechter waren in ihrem Machtstreben gegen den Herrscher von Lu ausgerichtet und hatten somit das gleiche Interesse wie der Mörder Chen Heng im Staate Qi. So war es kein Wunder, daß Konfuzius bei ihnen mit seinem Vorschlag kein Gehör fand.

184 Der Mord an Jian-gong war für Konfuzius ein Verstoß gegen die *li* (die überlieferten Regeln ritueller Einordnung; siehe Nachwort), den es zu ahnden galt.

185 Vgl. Kap. VIII,14.

186 Im Text steht *ren*.

187 Wei-sheng Mou soll ein Mann aus der Heimat des Konfuzius gewesen sein.

188 Hier handelt es sich wieder um ein Gleichnis. Gemeint ist der Mensch; es geht um *de*, um moralische Qualitäten, wie der Originaltext ausweist.

189 Im Text steht *de*, »Moral, Tugend«.

190 Klingstein (Musikstein): aufgehängte flache Nephritplatten unterschiedlicher Größe.

191 Das geht gegen Konfuzius und seinen Wunsch, von einem Herrscher erhört zu werden. Darum ist hier von seinem »Geklingel« die Rede.

192 Zitat aus dem *Buch der Lieder* (*Shi-jing*), hier als Gleichnis zu verstehen: als Aufforderung, sich den Umständen anzupassen.

193 Gao-zong, angeblich 14./13. Jh. v. Chr. Das Trauerzelt wurde gewöhnlich neben dem Grab aufgeschlagen.

194 Im Text steht *li*; siehe Nachwort.

195 Dort soll Konfuzius gelebt haben.

Kapitel XV

196 Yu und Qu Bo-yu waren Beamte im Staate Wei.

197 Im Text steht *ren*.

198 Yan Yuan = Yan Hui, Lieblingsschüler des Konfuzius.

199 Der Kalender galt als wichtiges Instrument zur Herstellung bzw. Einhaltung der Harmonie von Himmel, Erde und Mensch. Er bestimmte die Abfolge der ökonomischen, politischen und kultischen Handlungen in Übereinstimmung mit dem Lauf der Natur. Die drei alten Dynastien Xia, Shang und Zhou hatten unterschiedliche Kalender; sie begannen das Jahr zu unterschiedlichen Zeiten. Konfuzius meinte, daß der Kalender der Xia-Dynastie am besten die sozio-kosmische Harmonie sichere.

200 Gemeint ist die Shang-Dynastie, deren »Staatswagen« einfacher und schlichter waren als die der Zhou.

201 Vgl. Kap. IX,18.

202 Vgl. Anm. 62.

203 Ein fähiger und würdiger Mann aus dem Staate Lu. Liu-xia ist möglicherweise ein Ortsname: Hui aus Liu-xia.

204 Der Edle ist mit den Menschen verbunden, bildet aber keine Partei; s. Anm. 21.

205 Im Text steht *ren*.

206 Zu jener Zeit wurden in China meist Blinde Musikmeister.

Kapitel XVI

207 Überfallen im Sinne einer Strafexpedition.

208 Ran Qiu (Ran You) war Beamter im Dienste der Ji-Sippe.

209 Gemeint sind die Herrscher des Gesamtreiches.

210 Liegt in der heutigen Provinz Shandong. War im Altertum einer der heiligen Berge (wie der Tai-shan), deren Geistern Opfer dargebracht wurden.

211 Haupt der Ji-Sippe.

212 Zhou Ren war ein Geschichtsschreiber des Altertums. Hier geht es offenbar um eine Analogie: Die Herrscher waren für Konfuzius in bezug auf die Regeln des korrekten Regierens wie Blinde in bezug auf das Sehen. Siehe auch Kap. XVI,1.

213 Hier gibt es einen Bezug zur Krise der Zhou-Gesellschaft, wie sie sich zur Zeit des Konfuzius darstellte; siehe Nachwort.

214 Damit sind die drei mächtigen Adelsgeschlechter in Lu (Ji, Shu und Meng) gemeint. Siehe auch Kap. XVII,1 und Anm. 218.

215 Die Zahl Drei ist eine magische Zahl. »Drei«, das sind Himmel, Erde und Mensch. Sie tritt auch in den nächsten Abschnitten in augenfälliger Häufung auf.

216 Siehe Kap. V,23 und Anm. 93.

217 Chen Kang ist Zi-qin aus Kap. I,10.

Kapitel XVII

218 Yang Huo (auch Yang Hu genannt) war ein Beamter im Dienste des Adelsgeschlechts der Ji im Staate Lu. Er verhielt sich gegenüber den Ji genauso machtgierig, wie diese sich vorher gegenüber dem Herrscher von Lu verhalten hatten (vgl. Kap. XVI,2 und 3). Er hatte die Macht, welche die Ji hatten, an sich gerissen. Jetzt wollte er Konfuzius dazu bringen, für ihn zu arbeiten. Konfuzius mußte die Aktivitäten des Yang Huo als sittenwidrig empfinden (gegen *li* gerichtet) und scharf verurteilen. Aber die Umstände zwangen ihn, zum Schein auf das Angebot des Yang Huo einzugehen, ohne dann schließlich ein Amt bei ihm zu übernehmen.

219 Lautenspiel und Gesang deuten auf die schöne Form des sozialen Lebens in Wu-cheng. Sie waren offensichtlich das Verdienst des Zi-you; er war Präfekt in Wu-cheng und in den Formen sehr bewandert. Es ist ein Gleichnis: »Huhn« steht für Wu-cheng, das »lange Messer« für die schönen Formen menschlichen Zusammenlebens. Konfuzius will damit sagen: So ein kleines Gebiet wie Wu-cheng, und da wird so viel Wert auf die äußere Form, auf die Kultivierung des Lebens, gelegt? Zi-you rechtfertigt sich im konfuzianischen Sinne, und der Meister gesteht, daß seine Worte als Scherz zu verstehen sind.

220 Wahrscheinlich ein Kumpan des Yang Huo (s. Anm. 218).

221 Konfuzius sah eine Chance, im Osten des Reiches seine Vorstellung von Ordnung zu verwirklichen und der Dynastie der Zhou zu helfen. Schließlich hat er das Angebot doch nicht angenommen.

222 Gemeint ist offensichtlich folgendes: Konfuzius hält sich für
    standhaft genug, um nicht schlechten Einflüssen zu erliegen.
    Deshalb kann er es wagen, dieses Amt anzunehmen. Denn es
    geht ihm darum, praktisch zu wirken und seine Vorstellungen
    in die Tat umzusetzen, denn: Er ist kein Kürbis, den man anse-
    hen kann, ohne ihn zu essen. Letzten Endes war aber doch das
    moralische Bedenken größer; er hat das Amt nicht angenom-
    men.
223 Kapitel des *Buches der Lieder* (*Shi-jing*).
224 Wie Kap. I,3.
225 Diese Bemerkung wird verschieden interpretiert. Zhang Bo-
    jun, dem wir uns anschließen, meint, daß die Herrscher der
    Teilstaaten sich purpur zu kleiden pflegten, obgleich sie – der
    Ordnung der Zhou gemäß – Zinnober zu tragen hätten. Pur-
    pur stünde ihnen danach nicht zu. Diese Interpretation wird
    gestützt durch die Tatsache, daß Purpur – und nicht Zinnober
    – zu den Grundfarben des alten China gehörte. Es ist im
    Grunde wieder ein Gleichnis, welches Machtusurpation an-
    prangert.
226 Vgl. Kap. XV,11 und IX,15.
227 Mann aus Lu.
228 Das *bo*-Spiel ist dem Damespiel ähnlich; das *yi*-Spiel ist das alte
    chinesische Schach.

Kapitel XVIII

229 König Zhou gilt als grausamer Tyrann, der durch seine Art des
    Regierens das Mandat des Himmels verspielte, so daß es nach
    altchinesischer Auffassung zum Sturz der Shang-Dynastie
    kam. Die drei wirklich guten Männer, die es gab, zogen sich
    entweder zurück und mußten wegen ihrer Kritik am Herrscher
    das Sklavendasein erdulden bzw. sterben.
230 Siehe Kap. XV,14 und Anm. 203.
231 Ji und Meng waren zwei der drei großen Adelsgeschlechter des
    Staates Lu, wobei die Meng-Familie wesentlich weniger mäch-
    tig war als die Ji-Familie. Offensichtlich überlegt der Herrscher
    von Qi, wie er Konfuzius behandeln solle, weil er zunächst die
    Absicht hatte, ihn in seine Dienste zu nehmen.

232 Der Narr Jie-yu, in Wirklichkeit ein Weiser, verbarg seine
    Weisheit, wie Wilhelm schreibt, unter dem Mantel der Torheit.
    Es sei sinnlos, so meinte der Narr, mit seiner Weisheit hervor-
    zutreten. Auch Konfuzius solle von sinnlosem Streben ablas-
    sen. Es ist im Grunde ein daoistischer Appell an den Konfuzia-
    ner. Der Vogel Phönix war das Symbol der Freude, des Glücks
    und des Friedens.

233 Über Chang Ju und Jie Ni ist nichts Näheres bekannt.

234 Auch diese Stelle zeigt die Konfrontation des Konfuzianismus
    mit daoistischen Auffassungen und Verhaltensweisen. Es ist
    der Appell zur Weltflucht, die pessimistische Reaktion auf die
    Zeitumstände. Die Antwort des Konfuzius verdeutlicht den
    Unterschied zwischen frühem Konfuzianismus und Daoismus.

235 Über Bo-yi und Shu-qi s. Anm. 216. Zu Hui von Liu-xia s.
    Kap. XV,14 und Anm. 203 sowie XVIII,2. Über Yu-zhong, Yi-
    yi, Zhu-zhang und Shao-lian ist Gesichertes nicht bekannt.

236 Zu Zhi s. auch Kap. VIII,15.

237 Der Staat Qi lag nördlich von Lu und südlich vom Gelben
    Fluß. Der Staat Chu lag im Süden des damaligen China, er er-
    streckte sich bis südlich des Yang-tse. Cai war damals ein klei-
    ner Staat in Mittelchina, nördlich von Chu, und Qin lag im
    Westen des damaligen Reiches. Im Text wird eine Verbindung
    zwischen der politisch-sozialen Unordnung und dem kulturel-
    len Verfall in Lu hergestellt.

238 Zhou-gong, Herzog von Zhou, war der Bruder des Zhou-Kö-
    nigs Wu und mit Lu »belehnt« worden. Vom Sohn des Zhou-
    gong stammten die späteren Herrscher von Lu ab.

239 Es soll sich hier um vier Zwillingspaare gehandelt haben. Der
    Satz soll offensichtlich demonstrieren, welch fähige Männer die
    frühe Zhou-Zeit hervorgebracht hatte.

Kapitel XIX

240 Zi-xia und Zi-zhang waren Schüler des Konfuzius. Da hier von
    den Schülern des Zi-xia die Rede ist, handelt es sich dabei um
    die »Enkelschüler« des Meisters. Hier geht es offensichtlich be-
    reits um die Situation der konfuzianischen Schule nach dem
    Tode des Konfuzius. Damit wird unterstrichen, daß dieses

Kapitel relativ spät entstanden sein muß. Außerdem enthält es keinen einzigen direkten Ausspruch des Konfuzius.

241 Im Text steht *ren*.

242 Offensichtlich gab es in der konfuzianischen Schule nach dem Tode des Meisters erhebliche Meinungsverschiedenheiten, möglicherweise auch einen Streit um die richtige »Verwaltung« seines geistigen Erbes (s. die folgende Stelle XIX,16).

243 Vgl. Anm. 6.

244 Aus dem Adelsgeschlecht der Meng (Meng-Sippe in Lu).

245 Letzter Herrscher der Shang-Dynastie.

246 Wen und Wu waren Herrscher der Zhou-Dynastie; s. Kap. VIII,20 und Anm. 110 und 112.

247 Beamter im Staate Lu.

248 Siehe Kap. XIV,36; Beamter in Lu.

249 Chen Zi-qin entspricht Zi-qin in Kap. I,10 und Chen Kang in Kap. XVI,13. Möglicherweise ein Schüler des Konfuzius.

Kapitel XX

250 Vgl. Anm. 87.

251 Vgl. Anm. 25.

252 Li war der Name des ersten Herrschers der Shang-Dynastie.

253 Diese Worte soll Tang anläßlich der Niederwerfung der legendären Xia-Dynastie gesprochen haben (16. Jh. v. Chr.). Die Xia-Dynastie soll – genauso wie später die nachfolgende, von Tang (Li) begründete Shang-Dynastie – mit einem, des himmlischen Mandats unwürdigen, grausamen Tyrannen geendet haben. Aus dieser Situation erklären sich die hier angeführten angeblich von Tang gesprochenen Worte.

254 Offensichtlich wird hier auf das System der »Belehnungen« angespielt, welches die der Shang-Dynastie nachfolgende Zhou-Herrschaft einführte und das eine der Ursachen für ihren Nieder- bzw. Untergang war.

255 Die Regeln sittlichen Verhaltens leiten sich vom Himmel ab; sie zu befolgen – das ist der »rechte Weg« (*dao*). Der Edle muß den Regeln sittlichen Verhaltens folgen – dazu muß er sie kennen. Um sie zu kennen, muß er die Worte richtig verstehen; nur so kann er zwischen gut und böse unterscheiden und die Menschen kennen. Die Worte – sie sind die rechte Lehre, und diese führt sich auf den Willen des Himmels zurück.

Literaturhinweise

Weitere Übersetzungen

Dawson, Raymond: Confucius. The Analects. Oxford / New York 1993.

Kriwzow, W. A.: Lun-ju. In: Altchinesische Philosophie. Bd. 1. Moskau 1971. [In russischer Sprache.]

Lau, D. C.: Confucius. The Analects. Harmondsworth 1979.

Legge, James: Confucian Analects. In: The Chinese Classics. Vol. 1. Oxford 1893. Hongkong 1960.

Ryckmans, Pierre: Les Entretiens de Confucius. Paris 1987.

Schwarz, Ernst: Konfuzius. Gespräche des Meisters Kung (Lun Yü). München 1985.

Stange, H. O. H.: Gedanken und Gespräche des Konfuzius. München 1953.

Waley, Arthur: The Analects of Confucius. London 1938.

Wilhelm, Richard: Kungfutse. Gespräche. Lun Yü. Jena 1910. Tsingtau 1914 [u. ö.].

Yang Bo-jun: Lun-yu yi-zhu. [Übersetzung und Erläuterung des Lun-yu.] Shanghai 1963. [In moderner chinesischer Sprache.]

Weitere Literatur
in westlichen Sprachen

Biallas, Franz Xaver: Konfuzius und sein Kult. Peking/Leipzig 1928.

Cheng, Anne: Lun yü. In: Michael Loewe (Hrsg.): Early Chinese Texts: A Bibliographical Guide. Berkeley 1993.

Creel, Herrlee G.: Confucius and the Chinese Way. New York 1960.

Fingarette, Herbert: Confucius, The Secular as Sacred. New York 1972.

Forke, Alfred: Geschichte der alten chinesischen Philosophie. Hamburg 1927. ²1964.

Franke, Otto: Der geschichtliche Konfuzius. In: O. F.: Aus Kultur und Geschichte Chinas. Vorträge und Abhandlungen aus den Jahren 1902–1942. Peking 1945.

Fung Yu-lan: A History of Chinese Philosophy. Vol. 1. Peiping (Peking) 1937.

Grimm, Tilemann: Meister Kung. Zur Geschichte der Wirkungen des Konfuzius. Opladen 1976.

Hall, David L. / Ames, Roger T.: Thinking Through Confucius. Albany 1987.

Kramers, Robert: Konfuzius, Chinas entthronter Heiliger? Bern / Frankfurt a. M. / Las Vegas 1979.

Krieger, Silke / Trauzettel, Rolf (Hrsg.): Konfuzianismus und die Modernisierung Chinas. Mainz 1990.

Lin Yutang: Konfuzius. Frankfurt a. M. 1957.

Liu Wu-chi: Confucius. His Life and Times. New York 1955.

Moritz, Ralf: Die Philosophie im alten China. Berlin 1990.

– Zwischen Vision und Macht – das Dilemma des Konfuzianismus. In: V. Caysa / K. D. Eichler (Hrsg.): Paxis – Vernunft – Gemeinschaft. Weinheim 1994.

– Der Konfuzianismus: Traditionelles Wertesystem und moderne Welt. In: A. Luckner (Hrsg.): Dissens und Freiheit – Kolloquium Politische Philosophie. Leipziger Schriften zur Philosophie 2. Leipzig 1995.

– Konfuzianismus und chinesischer Alltag. In: China Med. Zeitschrift für Medizin, Politik, Wirtschaft und Kultur 4 (1996) Nr. 8.

Nikkilä, Pertti: Early Confucianism and Inherited Thought in the Light of Some Key Terms of the Confucian Analects II: The Terms in the Confucian Analects. Helsinki 1992.

Opitz, Peter J. (Hrsg.): Chinesisches Altertum und konfuzianische Klassik. München 1968.

Roetz, Heiner: Konfuzius. München 1995.

Schwartz, Benjamin: The World of Thought in Ancient China. Cambridge (Mass.) / London 1985.

Shryock, John K.: The Origin and Development of the State Cult of Confucius. New York 1932.

Staiger, Brunhild: Das Konfuzius-Bild im kommunistischen China. Wiesbaden 1969.

Stumpfeldt, Hans: Das Leben des Konfuzius. Bilder zu den Taten des Weisen. Zürich 1991.

Wilhelm, Richard: K'ungtse und der Konfuzianismus. Berlin/Leipzig 1928.

Nachwort

Konfuzius' Rolle in der Geschichte der chinesischen Kultur ist einzigartig. Er steht am Beginn einer Tradition, die zweieinhalb Millenien überspannt. Sein Name wurde zum Symbol des traditionellen China wie der einzigartigen Kontinuität seines geistigen Lebens.

Angetreten war Konfuzius mit dem Bewußtsein einer Mission, nämlich der Menschheit die einzig gültige Regel für das Zusammenleben in einer harmonisch geordneten Gemeinschaft zu übermitteln, um die Welt aus dem Chaos zu retten. Er forderte die Menschen auf, sich zurückzunehmen, um miteinander zu sein. So predigte er Verantwortungsbewußtsein, Sozialisierungsfähigkeit, Einordnungsbereitschaft. Immer hoffte er dabei auf die Unterstützung der Mächtigen. Indes, der Schatten der Erfolglosigkeit sollte seine Mühen begleiten – die Unstetheit seines Lebens mag dies widerspiegeln. Und dieser Mann, der stets auf der Suche war und selbst nie ankam, sollte später zum erhabenen Heiligen, eigentlich zur bedeutendsten Persönlichkeit des alten China werden. Welch ein Kontrast!

Konfuzius war der erste, der in Chinas Geschichte eine Art Schule gründete; mit ihm nimmt hier diskursives Denken seinen Anfang. So beginnt das gigantische Phänomen Konfuzianismus seinen Gang durch die Geschichte, und die Ideen des Meisters stehen an seinem Beginn. Niemals aber sind sie mit dem späteren Konfuzianismus identisch zu nennen. Jede Zeit schuf sich ihren Konfuzius, sah den Meister so, wie es den Umständen gemäß erschien, und entsprechend funktionalisierte sie ihn. Genauso gab es – wie konnte es in der langen historischen Fortdauer auch anders sein? – viele verschiedene Formen von Konfuzianismus,

viele Konfuzianismen also, die in variierenden gesellschaftlichen Kontexten auf unterschiedliche, z. T. auch wider-
sprüchliche, Weise zu einem gemeinsamen normativen
Basis-Inventar vermittelt werden, welches bei Konfuzius
seinen Ausgangspunkt hat.

Im Namen des Konfuzius wurde in China Macht ausgeübt; so wird bisweilen vom chinesischen Kaiserreich als
einem konfuzianischen Staat gesprochen. Aber ebenso
wurde im Namen des Konfuzius Herrschaft auch kritisiert;
es gab ein konfuzianisches Ethos, an dem Macht gemessen
wurde. Konfuzianische Beamte regierten, aber konfuzianische Beamte wurden ebenso verbannt oder gar hingerichtet.
Die *Gespräche*, die wir vor uns haben, lassen uns diesen
Sachverhalt, der auf den ersten Blick paradox erscheinen
mag, verstehen. Sie erklären uns, warum es den Konfuzianer an die Macht drängt, warum er praktisch sein muß. Sie
helfen uns auch zu begreifen, wie in der gesellschaftlichen
Wirkung des Konfuzianismus die Grenzen zwischen Elite-
Kultur und Volkskultur fließend wurden, wie der Konfuzianismus zwischen beiden Ebenen vermittelt und so ganz
wesentlich zur Regierbarkeit des Großreichs beitrug – ein
Faktum, das zu den erstaunlichsten Phänomenen der Welt-
geschichte gehört.

Dem innigen Bezug zur Lebenspraxis verdankt es sich,
daß konfuzianische Wirkungsgeschichte nicht nur eine geistige ist, sondern damit zugleich eine politische und eine soziale. Der Konfuzianismus war eben nicht lediglich ein in-
tellektuelles Konstrukt, ein Projekt zur Gesellschaftsgestal-
tung, sondern er hat in der Tat Gesellschaft gestaltet, dies in
erster Linie im letzten Jahrtausend, und das Saeculum für
Saeculum. Um diese Wirkungsgeschichte zu verstehen, beginnen wir folgerichtig beim Stammvater selbst.

Die Ideen des Konfuzius sind dabei nicht nur ein konsti-
tutives Element der traditionellen chinesischen Kultur; sie
stellen einen der bedeutendsten Ordnungsentwürfe dar, den
die Menschheit in ihrer geistigen Geschichte zu generieren

vermochte – die *Gespräche* legen ihn frei. Er ist einer der großen Versuche, den Weg zu einer besseren, einer idealen Welt zu finden, womit eine Bedeutung von universalgeschichtlicher Dimension angesprochen ist. Diese verdient um so mehr Beachtung, da im neuen Konfuzianismus der Gegenwart die von Konfuzius verkündete Norm als eine für die ganze moderne Menschheit gültige Lebensmaxime dargestellt wird. Sie erscheint hier als notwendig – sie wendet im Sinne einer globalen Überlebensperspektive die Not der Welt.

Die Beschäftigung mit den Gedanken des Meisters ist von unbestreitbar kulturgeschichtlicher und kulturvergleichender Signifikanz. Darüber hinaus aber gibt es offenbar noch einen in der gegenwärtigen Entwicklung Ostasiens wurzelnden aktuellen Anlaß. Dabei begegnen sich Tradition und Moderne.

Für die Einordnung des Konfuzius in die Geschichte des menschlichen Denkens ist wichtig: Er war ein Zeitgenosse des Pythagoras (um 580–500 v. Chr.) und des Heraklit (um 544–483 v. Chr.). Konfuzius starb etwa 50 Jahre vor Platons (428 v. Chr.) und etwa 100 Jahre vor Aristoteles' Geburt.

Die Person

Über eine authentische Konfuzius-Biographie verfügen wir nicht. Zwar liegt uns die Konfuzius-Biographie des Si-ma Qian vor, der als »Vater der chinesischen Geschichtsschreibung« und als »Herodot des alten China« bezeichnet wird.[1] Sie ist etwa 400 Jahre nach Konfuzius entstanden; in ihr können Geschehenes und Erdichtetes schwer unterschieden werden.

Die chinesische Namensform von Konfuzius ist Kong Qiu, er trug den Beinamen Zhong-ni. Später wurde er Mei-

---

1 Si-ma Qian, *Historische Aufzeichnungen (Shi-ji)*, Kap. 47. Vgl. Wilhelm (1928); Schwarz (1985).

ster Kong, Kong-zi oder Kong-fu-zi genannt. Der Name
Kong-fu-zi wurde schließlich im 17. Jahrhundert von Jesui-
tenpatres zu Confucius (Konfuzius) latinisiert. Unter diesem Namen wurde er in Europa bekannt.

Im allgemeinen wird davon ausgegangen, daß Konfuzius
im Jahre 551 v. Chr. im Teilstaat Lu – im Südwesten der
heutigen Provinz Shandong gelegen – geboren wurde. Er
war ein Sproß des niederen Adels, einer verarmten Aristo-
kraten-Familie. Mit der späteren kultischen Verehrung des
Konfuzius wurde seine Geburt nachträglich zu einem wun-
dersamen Ereignis. Durch allerlei Legenden sollte Konfuzius als der große Tugendlehrer der Welt erscheinen, der
unmittelbar mit dem Himmel im Bunde steht.

Vom Vater des Konfuzius heißt es, er habe sich im Alter von 70 Jahren eine neue, blutjunge Frau genommen –
in der Hoffnung, sie werde ihm einen Sohn schenken.
Seine bisherige Frau hatte nur Töchter zur Welt gebracht.
Zwar hatte ihm eine Nebenfrau einen Sohn geboren, dieser war jedoch ein Krüppel. Damit der Wunsch ihres immerhin schon betagten Mannes in Erfüllung gehe, erbat
die neue Frau den Beistand der Geister, die angeblich in
den Bergen und Flüssen wohnten. Sie begab sich also zu
dem in der Umgebung gelegenen Berg Ni Qiu, der allgemein besucht wurde, um Kindersegen zu erbitten. Der
Wunsch ging in Erfüllung, ein Sohn wurde geboren. Sein
Name soll gebildet worden sein, indem man zum Fami-
liennamen Kong die Silbe Qiu aus dem Namen des ge-
nannten Berges hinzusetzte. Ni von Ni Qiu ging in den
Beinamen Zhong-ni ein, wobei Zhong »der Zweitgebo-
rene« bedeutet.

Konfuzius wuchs in armen Verhältnissen auf, er war
gerade zwei Jahre alt, als sein Vater starb. Erwachsen geworden, bekleidete er zunächst einige bescheidene Verwal-
tungsposten im Staate Lu. So soll er *wei li*, Aufseher über
die Getreidespeicher eines Bezirkes, und *sheng tian li*,
Aufseher öffentlicher Weiden, gewesen sein. Später war er –

nicht zuletzt wegen seiner Vertrautheit mit traditionellen Kultangelegenheiten, Riten und Zeremonien – als Lehrer tätig.

Auf einer angeblichen Wallfahrt in die damalige Hauptstadt des Reiches soll er mit dem legendären Lao-zi (Lao-tse, »der alte Meister«) zusammengetroffen sein. Dieser wird von den Daoisten als der Begründer ihrer Lehre betrachtet. Die Begegnung ist jedoch sehr umstritten. Sollte es wirklich ein derartiges Zusammentreffen gegeben haben, so war das keinesfalls ein Treffen mit dem Verfasser des *Dao-de-jing* (*Tao-te-king*, *Buch von Weg und Tugend*), jenem auch in Europa so berühmten klassischen Werk des Daoismus. Das ist aller Wahrscheinlichkeit später, im 3. Jahrhundert v. Chr., entstanden. Anzunehmen ist, daß es sich hierbei um eine Legende der späteren Daoisten handelt, um den Daoismus gegenüber Konfuzius und den Konfuzianern aufzuwerten.

Die Überlieferung berichtet, daß 517 v. Chr. Zhao-gong, der machtlose Herrscher von Lu, dem Heimatstaat des Konfuzius, im Zusammenhang mit politischen Wirren in den Staat Qi floh. Konfuzius soll ihm gefolgt sein. Später kehrte er nach Lu zurück. Über die nun folgende Zeit heißt es in den *Historischen Aufzeichnungen* (*Shi-ji*) des Si-ma Qian (Anfang des 1. Jh.s v. Chr.), er habe zurückgezogen gelebt, sich weiter der Lehrtätigkeit gewidmet und alte Schriften geordnet. Schließlich sei er Statthalter eines Ortes namens Zhong-du gewesen. Jetzt habe er erstmals die Gelegenheit gehabt, seine Vorstellungen in die Praxis umzusetzen. Die Legende berichtet von einer musterhaften Amtsführung, durch die er große Popularität gewonnen haben soll.

Aufgrund dieser Erfolge soll er danach zu einer Art Arbeitsminister von Lu (*si-kong*, »Leiter der öffentlichen Arbeiten«) ernannt worden sein. Dabei gehörte es zu seinen Aufgaben, die vier Jahreszeiten ausrufen zu lassen. Anschließend sei er oberster Justizbeamter von Lu (*da si-kou*) gewesen. Ob er dieses Amt wirklich innehatte, bleibt zweifelhaft. Schließlich fand – so berichtet die Legende – seine Tätigkeit in Lu ein ziemlich abruptes Ende. Folgendes soll sich zugetragen haben: Der Herrscher des Staates Qi war über die Erfolge von Lu sehr beunruhigt. Er beschloß einen teuflischen Plan, nämlich eine moralische Zersetzung, eine »Aufweichung« des Staates Lu von innen. Er schickte 80 schöne Tänzerinnen und machte sie dessen Herrscher zum Geschenk. Konfuzius, der vor diesem Danaergeschenk warnte, fand kein Gehör. Da die Bemühungen des Konfuzius, dem Verfall der Sitten entgegenzuwirken, vergeblich waren, verabschiedete er sich von Lu. Es begannen 13 Jahre der Wanderschaft durch verschiedene Teilstaaten des damaligen China, immer vergeblich auf der Suche nach einem Herrscher, der bereit gewesen wäre, die Vorstellungen des Konfuzius in der praktischen Politik zu verwirklichen.

Im Laufe der Jahre wurde das Gefühl der Erfolglosigkeit immer belastender. Die letzten Jahre habe er sich – so heißt es – wieder in seiner Heimat Lu aufgehalten, wo sich sein Leben im Jahre 479 v. Chr. vollendet haben soll.[2]

Die Schüler

Konfuzius hatte als erster in der Geschichte des chinesischen Denkens eine Art Schule gegründet. Unklar ist, wie viele direkte Schüler er gehabt hat. Eine Angabe nennt die Zahl 3000; doch diese ist kaum zuverlässig. Daneben ist von 72 die Rede. Aber auch hier sind Zweifel angebracht – es handelt sich wahrscheinlich um ein Produkt altchinesischer Zahlenspekulation. Auch fällt auf, daß die Zahl 72 der Zahl

2 Vgl. P. A. Tschepe, *Konfucius*, Tl. 1: *Sein Leben*, Yentschoufu 1910; Roetz (1995).

der Lebensjahre des Konfuzius entspricht.[3] In den *Gesprächen*, mit denen wir es hier zu tun haben, treten 22 Schüler auf.[4]

Nach dem Tode des Meisters sollen seine Schüler drei Jahre lang getrauert haben – damit wird offenbar auf die dreijährige Trauerzeit angespielt, die Kindern beim Tode ihrer Eltern vorgeschrieben war. Es heißt, die Schüler hätten so geweint und geschluchzt, daß ihnen sogar die Stimme weggeblieben sei. Einer von ihnen, Zi-gong, habe noch weitere drei Jahre geweint und meditiert. Im Buch *Meng-zi*, dem zweiten großen frühkonfuzianischen Werk nach den *Gesprächen*, wird berichtet, daß die Schüler nach dem Tode des Konfuzius beschließen wollten, einem der ihren – dem You Ruo – ob seiner äußeren Ähnlichkeit mit Kong-zi die gleichen Ehren zu erweisen, die sie bisher dem Meister erwiesen hatten. Doch der Schüler Zeng Shen (Zeng-zi) soll sich dagegen gewandt haben mit dem Hinweis, daß solcherart Vorhaben ungehörig wäre und der Meister durch niemanden ersetzt werden könne.

Die Zeit

Zu Lebzeiten des Konfuzius befand sich die Gesellschaft des alten China im Umbruch. Zunächst sei vermerkt, daß nach unserer heutigen Kenntnis in dieser Weltregion um 2000 v. Chr. die erste Form von Staatlichkeit – als Xia-Dynastie bezeichnet – entstanden war, und zwar am Mittellauf des Huang-he, des Gelben Flusses. Die Herrschaft der Xia wurde dann um die Mitte des 3. Jahrtausends v. Chr. durch

3 Franke (S. 259) schreibt: »Die Zahl 72 besteht aus der sechsfachen Monatszahl des Jahres, 5 mal 72 ergibt die Zahl der Tage eines (chinesischen) Jahres, jedes der Elemente bekommt 72 Tage, 72 Herrscher des Altertums verrichteten die Himmelsopfer auf dem T'ai schan u. a. m.«
4 Einige Schüler des Konfuzius spielten noch zu dessen Lebzeiten eine wichtige Rolle. Von den 22 in den *Gesprächen* erwähnten Schülern war einer belehnt worden, mindestens neun weitere waren wichtige Beamte, einer hatte ein Amt, das ihm angetragen worden war, abgelehnt.

den Stamm der Shang gestürzt, der als erster die Bronzeher-
stellung kannte. Aus dieser Zeit stammen auch die ältesten
literarischen Befunde (Orakelinschriften auf Knochen und
Schildkrötenpanzern).

Die Shang-Dynastie wiederum wurde im 11. Jahrhundert
v. Chr. durch den Vasallenstamm der Zhou gestürzt; es begann die Zhou-Dynastie (11. Jh. – 256 v. Chr.). Das Territorium, über das sie herrschte, reichte vom heutigen Gansu,
vielleicht sogar von Ost-Xinjiang, im Nordwesten bis in das
Gebiet des heutigen Peking im Nordosten sowie in die
Ebenen des unteren Jangtse im Süden. Der Charakter eines
Stammesverbundes war dabei deutlich ausgeprägt – ein
Umstand, der auch vor sich gehende Veränderungen in den
religiösen Vorstellungen beeinflußt haben mag: Hatten die
Shang den *Shang-di*, »Herr da oben«, verehrt, der meist als
vergotteter Ahn der Shang verstanden wird, so verbreitete
sich jetzt die umgreifendere, generalisierendere Vorstellung
vom Himmel (*tian*) als oberster Gottheit. Hinzu kam, daß
mit dem Übergang von der Shang- zur Zhou-Dynastie der
Zwang entstand, das Phänomen des Machtwechsels zu legitimatorischen Zwecken von der Gottheit her zu begründen.
So entstand das Konzept vom »Entzug des himmlischen
Mandats«. Der chinesische Ausdruck ist *ge ming* – ein
Kompositum, das in der modernen Zeit verwendet wird,
um den Begriff »Revolution« wiederzugeben.

Der Himmel wurde zu einer Art oberstem Richter oder
Wächter über Politik und Herrschaft. Entartete die Macht,
wurde Herrschaft schlecht ausgeübt, dann verstieß sie – wie
man meinte – gegen den »Willen des Himmels«, der ihr daraufhin das Mandat entzog, was Machtwechsel legitimierte.
Die spirituellen Kräfte wurden damit auf eine gewisse Distanz zur aktuell bestehenden Macht gebracht; es war eine
Distanz der Wertung, der Be- oder gegebenenfalls der Ver-
urteilung, wodurch Macht und Schicksal divergieren konnten. Der Himmel war moralisch, Inbegriff rechter Moral,
aber auch physikalisch – der Himmel als ethisch-physikali-

sche Macht. Wenn er als moralische Macht betont wurde, war er immer zugleich als Natur gedacht. Natur und Geist gingen ineinander über; der Himmel »redete« materiell, durch Naturerscheinungen, die man als Omina deutete.

Eine solche Vorstellung vom Himmel und vom »Entzug des himmlischen Mandats« stimulierte das Nachdenken über Moral, Politik und gesellschaftliche Zustände; der für die Jahrhunderte der Zhou-Zeit charakteristische Prozeß zunehmender Reflexion über Moral und gesellschaftliche Ordnung nahm hier seinen Ausgang. Dieser Prozeß leitete in die diskursive Begründung von Gesellschaftsbildern und Verhaltensmodellen über und stellte so die entscheidende intellektuelle Voraussetzung für die geistige Revolution im 6. und 5. Jahrhundert v. Chr. dar.

Eine Schlüsselrolle für die weitere Entwicklung haben die Ereignisse des 8. Jahrhunderts v. Chr. In dieser Zeit trafen große Naturkatastrophen (Erdbeben) mit bedeutenden gesellschaftlichen Erschütterungen zusammen, in deren Verlauf die Auflösung bisheriger gesellschaftlicher Lebensformen und sozialer Existenzweisen begann. Mit diesen Veränderungen setzte der Zweifel am Himmel ein; die Menschen machten die Erfahrung, daß der Himmel keinen Schutz bietet. Der bisherige Glaube an die Wirksamkeit spiritueller Kräfte war erschüttert – ein Umstand, dem große Bedeutung für die Herausbildung neuer Vorstellungen über soziale Ordnung zukam, damit für einen Prozeß, an dessen Beginn Konfuzius stand.

Die bisherige Lebenswelt der Zhou-Zeit war gekennzeichnet durch die patriarchalische Organisation des Lebens. Der König war nominell Eigentümer des gesamten Landes; er – der selbst seine Domäne behielt – verlieh Land meist an nahe Verwandte, z. T. auch an andere Gefolgsleute und Vasallen. Diese verfuhren analog, so daß ein abgestuftes System des bedingten Landbesitzes entstanden war, das der abgestuften Sippenstruktur und damit einem aristokratisch-patriarchalischen Ordnungsmuster folgte.

Für die Stellung in dieser Struktur spielte das Privileg der Geburt eine entscheidende Rolle. Bestimmte Familien herrschten über bestimmte Territorien, Aristokratie und staatliche Verwaltung waren mithin verflochten. In dieser Aristokratie unterscheiden sich diverse Ränge, von den *gong* (allgemein als »Herzog« übersetzt) bis hin zu den *shi* als der niedersten Stufe der Aristokratie, die mit Nebenlinien verbunden waren. Sie waren oft Angestellte in noblen Haushalten; z. T. waren sie auch Experten auf einzelnen Wissensgebieten und mit Opfer und Ritual vertraut. Das erklärt, warum *shi* später die Bedeutung »Gelehrter« annahm. Die unmittelbaren Produzenten – das waren die Bauern, die in Dorfgemeinschaften lebten und an die Aristokratie Abgaben zu leisten hatten.

Eine der Grundbedingungen für das Funktionieren dieses Systems war die genaue Unterscheidung der Ränge und Abstufungen, der Haupt- und Nebenlinien, in bezug auf Rechte und Pflichten. Das wiederum war in Form bestimmter Riten festgelegt und mit einem religiösen Inhalt verbunden. Alles lief an der Spitze der Pyramide in die Unterordnung unter den Zhou-Herrscher als »Sohn des Himmels« zusammen. Die große Bedeutung, die in der Zhou-Zeit der Etikette und den Umgangsformen beigemessen wurde, erfährt hier ihre inhaltliche Begründung. Deren Einhaltung, die immer auch eine Einhaltung der Regeln des Ahnenkultes, entsprechender Opferzeremonien sowie der Normen innerfamiliärer Unterordnung bedeutet, war die kardinale Frage der gesellschaftlichen Moral.

Vom 8. Jahrhundert v. Chr. an verblaßte die Macht des Königs und damit auch die Zentralgewalt der Zhou zunehmend; die inhärenten Zentrifugalpotentiale des Zhou-Reiches wurden manifest. Es kam zu Bündnissen von Vasallen und zu Kriegen gegen die Zhou-Zentrale; fremdstämmige Invasoren drangen ein, und schließlich mußte die Hauptstadt nach Osten in das Gebiet des heutigen Luoyang verlagert werden, wobei große Teile der Königsdomäne verloren gingen. Die Macht der Randterritorien wuchs. Es ergab sich eine Interdependenz politischer, sozialer und ökonomischer Veränderungen, ein Zusammenwirken von Vorgängen, die von oben, von der Spitze der gesellschaftlichen Pyramide, ausgehen, mit wirtschaftlichen und sozialen Basisprozessen. So wurden auf den verschiedenen Ebenen Loyalitäten aufgekündigt. Lehen entwickelten sich zu De-facto-Staaten, deren Herrscher sich z. T. selbst König zu nennen begannen.

Zu diesen Staaten zählten z. B. Qin im Westen (südlich des Ordos-Bogens), Yan im Gebiet des heutigen Peking, Qi im Gebiet der heutigen Provinz Shandong sowie Chu im Süden, zu beiden Seiten des Jangtse. Dazu gehörte auch Lu, der Heimatstaat des Konfuzius. Diese Staaten befanden sich in fortdauernder militärischer und politischer Konfrontation, bis schließlich im Jahre 221 v. Chr. – lange nach Konfuzius – das Reich gewaltsam militärisch wiedervereint wurde.

Die Vorgänge im politischen Makrobereich wirkten in die Teilstaaten hinein und erzeugten ein vitales Interesse an militärischer und damit auch an ökonomischer Stärke. Interessanterweise fiel dies zusammen mit der beginnenden Verwendung von Eisen zur Herstellung landwirtschaftlicher Geräte (7./6. Jh. v. Chr.). Zunehmend siedelten jetzt Bauern außerhalb der Dorfgemeinschaften; auch waren sie in anderen Staaten willkommen, trugen sie doch dort zur wirtschaftlichen Stärkung bei.

Dabei schuf das Interesse an maximaler Verfügbarkeit ökonomischer Mittel die Grundlagen für die Akzeptanz einer neuen Organisation agrarischer Produktionsverhältnisse. Im Rahmen der allgemein gewachsenen sozialen Mobilität und Umschichtung innerhalb der Teilstaaten, wobei es zwangsläufig mit der Erosion der benannten patriarchalischen Ordnungszusammenhänge auch zu fortwährenden Binnenkonflikten und Rebellionen kam, wurde Grund und Boden immer mehr in Privatbesitz genommen – es bildete sich, zunehmend ab dem 6. Jahrhundert v. Chr., privates

Grundeigentum heraus, bis schließlich im 4. Jahrhundert
v. Chr. der Boden massenhaft zur Ware werden sollte. Damit löste sich die ökonomische Grundlage der alten Dorf-
gemeinschaft auf, was wiederum ein neues Verfahren zur
Abschöpfung erforderlich machte, nämlich die Besteuerung
des privaten Grundbesitzes. Ein solches System der Besteuerung wurde erstmalig im Jahre 594 v. Chr. in der Heimat des Konfuzius, in Lu, eingeführt.

Zu diesem Bild gewachsener sozialer Mobilität gehört die
Entwicklung der Arbeitsteilung, damit auch von Warenpro-
duktion und auf dieser Grundlage die Herausbildung neuer
Schichten selbständiger – von höfischer Kontrolle unabhän-
giger – Handwerker und Kaufleute.

In einem solch komplexen Prozeß wurde die patriarchalische Regel außer Kraft gesetzt, wie sie sich bis dahin in den
Riten (*li*) ausgedrückt und die alte hierarchische Stufung der
Gesellschaft bestimmt hatte. Nach dieser Regel standen bislang Oben und Unten, Vornehm und Gering von Geburt an
fest. Jetzt aber konnte man von oben in sozialen Bodensatz
sinken, und von unten konnte man aufsteigen. So war die
Gesellschaft, auch vor dem Hintergrund zahlloser Kriege,
in eine tiefe Autoritäts- und Wertkrise geraten. Illoyalitäten,
Rebellionen und Streben nach Eigennutz verdeutlichten den
Werteverfall. Offensichtlich waren die herkömmlichen religiösen Vorstellungen, wie sie sich im Verbund eines Glau-
bens an Himmel, Geister und Ahnen mit den Riten bei religiösen Opfern und Zeremonien repräsentierten, nicht mehr
hinreichend. Mit der sozialen Umschichtung verblaßten die
Riten und konnten nicht mehr als normierendes Bindeglied
zwischen der politisch-sozialen Wirklichkeit und der Welt
der Geister funktionieren.

In dieser Atmosphäre entstand ein Bedürfnis nach neuen
Orientierungen. Dabei waren jetzt die Verhältnisse zwischen den Menschen und damit auch die Beziehungen des
Einzelnen zu Staat und Gesellschaft viel komplizierter geworden; sie erschienen nicht mehr in einem festgefügten

Kontext von sich aus gegeben. Dieser Umstand drückt sich darin aus, daß vom Beginn des 6. Jahrhunderts v. Chr. an Strafbestimmungen schriftlich fixiert wurden; es entstanden Kodizes, die – als Widerspieglung des Wegbrechens der alten, patriarchalisch bestimmten Hierarchie – die Mitglieder der Gesellschaft qualitativ gleichwertig behandelten.

Es war die sich herausbildende neue Beziehung zwischen Mensch und Gesellschaft, welche Fragen nach dem Funktionieren von Gemeinschaft, nach der Qualität von Verhalten, Politik und Ordnung aufwarf, die im Rahmen bisheriger Weltsicht nicht lösbar waren. So hatten die Veränderungen in der Lebenswelt ein Bedürfnis konstituiert, Verhaltensmodelle und Gesellschaftsbilder zu entwerfen und dabei den Zusammenhang zwischen dem Einzelnen und der Gemeinschaft zu begründen. Damit entstand in China diskursiv-begründendes, mithin auch philosophisches Denken. In diesem Zusammenhang entwickelten sich zwischen 6. und 3. Jahrhundert v. Chr. die unterschiedlichen geistigen Strömungen des alten China, neben Konfuzianismus vor allem Mohismus, Daoismus und Legismus. Und Konfuzius war der erste, der diesen Weg ging; in diesem Sinne brach er Bahn.[5]

Dabei war die allgemeine Relativierung gesellschaftlicher Beziehungen, die den Impuls zur Formulierung dieser neuen Ordnungsvorstellungen ausgelöst hatte, zugleich auch die Ursache dafür, daß ein neuer Bedarf an politischem Know-how, an Wissen über die Voraussetzungen und Methoden erfolgreichen Regierens, entstand. Die Frage war, wie die Ordnungsvorstellungen und Verhaltensmuster, die jetzt entwickelt wurden, diesem Bedarf entsprechen konnten. So reflektieren auch die *Gespräche*, wie Konfuzius über das Regieren befragt wurde und wie er selbst um die Vermittlung seiner Vorstellungen von Politik bemüht war.

5 Zu den verschiedenen geistigen Strömungen des alten China s. Moritz (1990).

Allerdings geriet seine Vision viel zu sehr zum ethischen Kontrastbild der gesellschaftlichen Realität, als daß sie die Herrschenden seiner Zeit zu überzeugen vermochte.

Das Werk

Wie bei Sokrates besitzen wir auch von Konfuzius nichts, was er selbst verfaßt hätte; es ist möglich, daß er überhaupt nichts Schriftliches hinterlassen hat.[6] Wahrscheinlich hat er, der große Lehrer, seine Gedanken vornehmlich in Gesprächen mit seinen Schülern und anderen Zeitgenossen geäußert. Offenbar wurden von den Schülern Niederschriften angefertigt, welche den Ausgangspunkt für das heute vorliegende Werk darstellen. Den frühesten Hinweis auf seine Kompilation finden wir in der *Geschichte der Han-Dynastie (Han-shu)*, von Ban Gu etwa ein halbes Jahrtausend nach dem Tode des Konfuzius – im 1. Jahrhundert n. Chr. – verfaßt. Es heißt dort, der Meister habe die Fragen der Schüler beantwortet, und jeder von ihnen habe sich entsprechend Notizen gemacht. Nach dem Tode des Meisters hätten die Schüler diese Worte/*yu* geordnet und zusammengestellt/*lun-zhuan* – darum der Name *Lun-yu*, »geordnete Worte«. Als deutsche Übersetzung hat sich, durchaus im Einklang mit dem Inhalt, *Gespräche* eingebürgert – auch Gespräche sind geordnete Worte. Dieses Werk ist die einzige relativ verläßliche Quelle, um die Gedanken des Konfuzius zu erschließen.

6 Unter Berufung auf eine Stelle im Buch *Meng-zi* (wahrscheinlich im 3. Jh. v. Chr. nach dem Tode des Konfuzianers gleichen Namens kompiliert) wurde in der chinesischen Tradition die Auffassung vertreten, Konfuzius habe die Chronik *Frühling und Herbst* (*Chun-qiu*; Chronik seines Heimatstaates Lu und ab der Han-Zeit einer der Klassiker des Konfuzianismus) verfaßt. Diese konventionelle Ansicht wird aber seit Beginn des 20. Jh.s in Frage gestellt, zumal die *Gespräche* keinen Hinweis darauf enthalten. Möglicherweise trifft aber zu, daß Konfuzius alte Schriften – wie das *Buch der Lieder* (*Shi*) – redigiert hat, die später Klassiker werden sollten.

Nach den uns überlieferten Texten findet der Titel erstmalig im Buch *Ritualaufzeichnungen (Li-ji)* Erwähnung, das wahrscheinlich im 2. Jahrhundert v. Chr. – unter Benutzung älteren Materials – zusammengestellt wurde. Im gleichen Jahrhundert lebte Kong An-guo, ein Nachfahre des Konfuzius, von dessen Schüler Fu Qing der Name *Lun-yu*[7] stammen soll.

Über die Entstehungszeit des *Lun-yu* gibt es divergente Auffassungen. Eine große Rolle hat in der Vergangenheit die Meinung des späteren Konfuzianers Liu Zongyuan (Wende vom 8. zum 9. Jh.) gespielt. Er ging davon aus, daß zwei der Schüler des Konfuzius, nämlich Zeng Shen und You Ruo, im Text selbst »Meister« genannt werden. So kam er zu der Überzeugung, daß die Kompilation von Enkel-Schülern des Konfuzius vorgenommen wurde. Danach müßte die Zusammenstellung um die Wende vom 5. zum 4. Jahrhundert v. Chr. beendet gewesen sein. Heute wird die Auffassung vertreten, daß dies ein längerer Vorgang gewesen ist, der bis in das 3. Jahrhundert, möglicherweise sogar bis in das 2. Jahrhundert reichte.

Nachdem im Jahre 221 v. Chr. das Reich wieder vereint worden war und die Qin-Dynastie (221–206) unter dem großen Kaiser Qin Shi Huang-di (»Erhabener Erster Kaiser der Qin«) begonnen hatte, wurde das Buch – wie andere alte Schriften auch – verboten. Im Jahre 213 schließlich kam es zu einer großen antikonfuzianischen Bücherverbrennung. So war die spätere Wiederherstellung des Textes schwierig.

Die bereits erwähnte *Geschichte der Han-Dynastie* informiert uns, daß es in der frühen Han-Zeit – etwa im 2. Jahrhundert v. Chr. – drei Versionen des *Lun-yu* gegeben habe: ein Text aus dem Staate Lu, dem Heimatstaat des Konfu-

---

7 Ein Wort zur Aussprache von *Lun-yu*: Entsprechend der hier verwendeten Pin-yin-Transkription ist der Lautwert der Schriftzeichen als *Lun-yu* zu fixieren, was aber »Lun-yü« zu sprechen ist.

zius, mit 20 Kapiteln, ein Text aus dem Staate Qi mit 22 Kapiteln und schließlich eine mit alten Schriftzeichen geschriebene Fassung aus 21 Kapiteln, die beim Abbruch in einer Wand des ehemaligen Wohnhauses der Familie Kong entdeckt worden ist, dies wahrscheinlich zur Regierungszeit des Kaisers Jing-di (157–141). Diese drei Versionen weisen auf unterschiedliche Transmissionslinien hin. Die inhaltliche Differenz der Alttext-Version zu den beiden anderen Texten soll vor allem in der Anordnung der Kapitel und in der Abweichung einiger hundert Schriftzeichen bestanden haben.

Die heute vorliegende Fassung beruht auf einem längeren Synthese-Vorgang. Zunächst wissen wir, daß Zhang Yu (1. Jh. v. Chr.) eine Neuausgabe vor allem auf der Grundlage der Lu-Version schuf. Zheng Xuan, der wohl größte Klassiker-Kommentator des frühen Kaiserreiches, verglich im 2. Jahrhundert n. Chr. den Text des Zhang Yu mit anderen Kommentaren sowie der Qi- und der Alttext-Version. Auf Zheng Xuan wiederum stützte sich He Yan (190–249), der zugleich weitere Kommentare berücksichtigte und damit den gegenwärtigen Text der *Gespräche* mit 20 Kapiteln und mehr als 12 000 Wörtern (*Lun-yu ji-jie / Lun-yu mit gesammelten Kommentaren*) schuf.[8]

Das Werk läßt sich in Schichten auflösen, die offensichtlich zu unterschiedlichen Zeiten entstanden sind. Die letzten Kapitel (XVI–XX) sind aller Wahrscheinlichkeit nach auch zuletzt entstanden. Während in Kapitel I–XV im allgemeinen von *zi*, »Meister«, die Rede ist und nur im Ausnahmefall *Kong-zi*, »Meister Kong«, auftritt (so in III,19 oder in XIV,32, wo Konfuzius offensichtlich einem Ranghöheren bzw. Älteren gegenübersteht), beginnt mit Kapitel XVI eine gehäufte Verwendung dieser Anrede, was auf eine größere Distanz hindeutet. Hinzu kommt, daß allein in den Kapi-

---

8 Zur Textgeschichte s. M. Loewe (Hrsg.), *Early Chinese Texts*, Berkeley 1993, S. 313 ff.

teln XVII und XIX auch die Bezeichnung *fu-zi* (was ebenfalls »Meister« bedeutet) auftritt, die sich erst später durchsetzte, ein Umstand, der auch auf die innere Beziehung zwischen beiden Kapiteln hinweist.

Ferner treten im Unterschied zu den vorangegangenen in
den letzten Kapiteln, besonders in Kapitel XVI, Numerolo-
gien auf: drei Arten von Freundschaft, drei Verstöße, fünf
Grundsätze usw. Solche Ausdrücke sind vor allem aus der
Zeit des 3. und des 2. Jahrhunderts v. Chr. bekannt. Schließlich sei noch erwähnt, daß in Kapitel XIX nur Schüler Erwähnung finden, der Meister hingegen nicht. Sehr wahrscheinlich sind auch Auffassungen der nachfolgenden Konfuzianer eingeflossen. So weist die Hervorhebung der
Pflicht des Herrschers, sich um das Wohl des Volkes zu
kümmern, wie wir sie in Kapitel XIX und XX finden, auf
den Einfluß des Meng-zi hin, der erst im 4. Jahrhundert
v. Chr. lebte. Die Beschreibung des Himmels als eines Na-
turphänomens, die wir in Kapitel XVII finden (»Redet etwa
der Himmel?« XVII,19), ist möglicherweise auf eine Strömung innerhalb des Konfuzianismus zurückzuführen, die
sich erst im 3. Jahrhundert herausbildete und mit dem Namen Xun-zi verbunden ist. Denn es fällt auf, daß hier über
den Himmel in ganz anderer Weise gesprochen wird als
dort, wo er als Quelle der rechten Moral beschrieben ist
(VII,23; XIV,36).

Aber auch innerhalb der ersten 15 Kapitel sind verschiedene Schichten festzustellen. Es fällt auf, daß in Kapitel X
nicht der Meister spricht, sondern nur über ihn gesprochen
wird. Damit nimmt dieses Kapitel eine Sonderstellung ein,
was darüber spekulieren läßt, ob es nicht zur jüngsten Textschicht, also zu Kapitel XVI–XX, gehört. Auch ist zu bemerken, daß Kapitel I und VIII Abschnitte enthalten, in denen ohne Verweis auf Konfuzius Meinungen der Schüler
wiedergegeben werden. Da Kapitel II inhaltlich sehr eng
mit Kapitel I zusammenhängt, mag es mit diesem und Kapitel VIII eine gemeinsame Textschicht bilden. Die ältesten

Texte des Buches wären danach die Kapitel III–VII, IX und
XI–XV, was aber nicht bedeutet, daß sie ohne spätere Ein-
fügungen sind.

Manche Kapitel lassen heute eine bestimmte zentrale
Thematik erkennen. So enthält Kapitel I Aussagen über
Verhaltensweisen in einer relativ allgemeinen Form, womit
das Werk – sicher nicht zufällig – eingeleitet wird; ähnlich
steht es mit Kapitel II. Kapitel III spricht vornehmlich über
Musik und Riten. In Kapitel IV geht es vor allem um Personen, in erster Linie um Schüler, in Kapitel VII, X und XI
hingegen um den Meister selbst. Was Kapitel XII betrifft,
so sind die Absätze nach einem formalen Kriterium zusammengestellt: Fast alle Abschnitte beginnen mit »Person X
fragt«. Damit werden wir darauf hingewiesen, daß die Zusammenstellung nicht nur inhaltlichen, sondern ebenso
auch formalen Prinzipien folgte. In Kapitel XIII wird vor
allem das Regieren zum Thema.[9]

Entsprechend der großen Bedeutung, die der Konfuzianismus in Chinas Geschichte gewinnen sollte, wurde in den
folgenden zwei Jahrtausenden zu den *Gesprächen* eine Viel-
zahl von Kommentaren geschrieben. Dies widerspiegelt
eine Eigenart der chinesischen Kultur, wonach eigene Vorstellungen mit Vorliebe in Form von Kommentaren zu früheren Werken abgefaßt wurden. Ein besonders deutliches
Beispiel dafür ist Zhu Xi (1130–1200), der bedeutendste
Vertreter des Neo-Konfuzianismus. Sein Kommentar sollte
für Jahrhunderte zur verbindlichen Auslegung des Textes
werden.

Die ungeheure Bedeutung der *Gespräche* in der Gesamtdimension chinesischer Kulturgeschichte ist vor allem mit
dem System der Examina verbunden, mit welchem das Kaiserreich seine Beamten rekrutierte. Seine Anfänge gehen
darum auch schon auf die Han-Zeit zurück. Die *Gespräche*
wurden bereits damals als Klassiker genannt. In der Tang-

9　Zu den Schichten des Textes äußert sich sehr ausführlich Lau, S. 220 ff.

Zeit (618–907) gingen sie in den jetzt kompilierten konfuzianischen Kanon der *Dreizehn Klassiker* ein, die nunmehr als Prüfungsstoff fungierten. In der Song-Zeit (960–1279), in der sich das System der Beamtenprüfungen voll ausprägen sollte, war es der bereits erwähnte Zhu Xi, der die *Gespräche* mit drei weiteren alten konfuzianischen Schriften – dem Buch *Meng-zi*, das die Gedanken des Konfuzianers gleichen Namens aus dem 4. Jahrhundert v. Chr. wiedergibt, sowie den Texten *Das Große Lernen* (*Da-xue*) und *Das Buch von Maß und Mitte* (*Zhong-yong*) (ursprünglich zwei Kapitel des Buches *Ritualaufzeichnungen / Li-ji* aus dem 2. Jh. v. Chr.) – zu den *Vier Büchern* (*si shu*) zusammenfaßte. Damit wurden die *Gespräche* gegenüber anderen konfuzianischen Klassikern in besonderer Weise herausgehoben.

Diese *Vier Bücher* setzten sich als zentrales Prüfungskompendium ab dem 14. Jahrhundert durch. Damit war der Text der *Gespräche* ein wichtiger Bestandteil der politischen Kultur des chinesischen Kaiserreichs. So wurde er als Stütze der konfuzianischen Orthodoxie funktionalisiert. Es soll aber auch nicht unerwähnt bleiben, daß ein so mit Respekt und Ehrfurcht behandeltes Buch schon gegen Ende des Kaiserreichs Gegenstand einer relativ nüchternen philologischen Analyse wurde. Dies geschah im Zusammenhang mit einer textkritischen Strömung, die sich zwischen 17. und Anfang des 19. Jahrhunderts – im Zeichen einer kritischen Haltung zu den vorherrschenden Spekulationen aus der Song- und Ming-Zeit (Song: 960–1279 / Ming: 1368–1644) – als Rückbesinnung auf Traditionen der Han-Zeit artikulierte.

Europa erhielt im 17. Jahrhundert durch Jesuitenmissionare Kunde von Konfuzius und seiner Lehre. Von ihnen stammt die erste europäische Übersetzung, eine Übersetzung ins Lateinische, die 1687 in Paris herausgegeben wurde (*Confucius Sinarum Philosophus, sive Scientia Sinensis latine exposita, studio et opera Prosperi Intorcetta, Christiani Herdtrich, Francisci Rougemont, Philippi Couplet,*

Patrum Societatis Jesu). In der Folge sollte die europäische
Aufklärung die Gedanken des Konfuzius mit Begeisterung
aufgreifen, erschienen sie doch hier als Ausdruck einer von
Religion befreiten Ethik. Indes, es war ein interkulturelles
Mißverständnis, wurde doch nichts anderes getan, als die eigenen Ideale nach Ostasien zu projizieren – dies als der eigentliche Kern der europäischen Sinophilie des 18. Jahrhunderts.

Die *Gespräche* sind kein philosophisches Werk im eigentlichen Sinne. In gesammelten Aussprüchen werden ethische
Normen, Verhaltensmuster und Richtlinien für das Regieren überliefert, wobei eine bestimmte Vorstellung von
gesellschaftlicher Ordnung vermittelt wird. Dabei ist bei
aller philologischen Schichtung des Textes ein einheitli-
cher Grundgedanke erkennbar. In diesem Sinne, nicht im
Sinne jedes einzelnen Wortes bzw. Schriftzeichens, ist das
Buch der Zugang zu Konfuzius. Dieser Grundgedanke
wird nicht abstrakt-theoretisch dargestellt, sondern in konkreten Handlungen und Situationen, an konkreten Personen und unter Verwendung historischer Bezüge. Das Kon-
krete hat dabei die Bedeutung des allgemeinen Modells. Es
ist das Vorbild, das zu analogem Verhalten auffordert und
imperative Funktion hat. Der Bezug auf die Vergangenheit
sowie das Auftreten mehr oder weniger bedeutender Zeitgenossen ist nicht Illustration, sondern der Stoff, mit dem
der eigentliche gedankliche Inhalt Gestalt gewinnt.

Die Lehre

Wir haben es mit einer vorwiegend ethisch-politischen
Lehre zu tun, in der aber auch eine bestimmte Idee von der
Stellung des Menschen im Weltganzen impliziert ist. Vor allem dies stellt den philosophischen Aspekt der *Gespräche*
dar. Und indem überkommene religiöse Verhaltensweisen –
wie etwa das Opfern – in den Dienst sittlicher Erziehung

gestellt werden, bleiben ethisches Konzept und Ordnungs-
idee zur Religion hin offen.

Dabei spiegeln sich bereits Eigenheiten des traditionellen
chinesischen Denkens, die eine bestimmte, für das alte
China typische, kulturelle Morphologie zum Ausdruck
bringen. Verwiesen sei zunächst auf die unverkennbar do-
minante Orientierung auf den Menschen, auf seine Lebensweise, seine Moral, sein Verhalten in sozialer Funktion,
womit sich dieses Denken vor allem als subjektbezogen
darstellt. Damit verbindet sich ein starker pädagogisch-be-
lehrender Zug, den wir auch in den *Gesprächen* bemerken.
Natur an sich ist uninteressant; sie ist nur bedeutsam in ihrem Bezug zum Menschen und zur Ordnung seiner Verhältnisse. Zum anderen ist auch ein – im Verhältnis zum
Okzident – sehr viel komplexerer Charakter der geistigen
Kultur des traditionellen China erkennbar, wo Philosophie,
Religion, politisches, moralisches und künstlerisches Bewußtsein sehr viel stärker ineinandergreifen, was sich auch
darin ausdrückt, daß wir bereits bei der Beschreibung dieses
Sachverhalts auf okzidentale Begrifflichkeit zurückgeführt
werden. (So ist der chinesische Begriff *zhe-xue*, »Philosophie«, erst unter Einfluß westlichen Denkens entstanden.)

Bei der Annäherung an die *Gespräche* treten wir also in
eine andere Kultur ein – wir übertreten, und zwar mit den
Mitteln des eigenen Begriffshorizontes. Dies ist zwar unver-
meidbar, jedoch müssen wir uns dessen bewußt sein, um
jede intellektuelle Facette, jeden Begriff aus einem kultur-
spezifischen Gesamtzusammenhang heraus und in seiner
Funktion für diesen zu begreifen.

Es zeigt sich, daß die Schlüsselbegriffe der *Gespräche*
stark aufeinander bezogen und auch nur in dieser Bezogen-
heit zu verstehen sind.[10] Es ist wie eine Gleichung mit vielen
Unbekannten. Dabei spüren wir auch, daß Konfuzius kein
eigentlich definitorisches Verhältnis zu diesen zentralen Ka-

---

10 Zur Begrifflichkeit der *Gespräche* sei auch auf P. Nikkilä verwiesen.

tegorien hat. Es werden – meist in Form von Antworten auf
Fragen der Schüler – jeweils einzelne Seiten und Aspekte
aus einem Bedeutungsfeld angeführt, oft abhängig vom
konkreten Zusammenhang, wobei jeweils eine Vermittlung
der allgemeinen Norm zum Einzelbeispiel erfolgt. Dies ist
sicher eine wichtige Ursache dafür, daß die Schlüsseltermini
nicht konstant mit jeweils dem gleichen deutschen Wort
übersetzt werden können. Immerhin ist dabei auch die
Frage der Lesbarkeit eines deutschen Übersetzungstextes
zu bedenken.

Wir suchen Zugang zur Lehre des Konfuzius über den
Begriff *dao*, »der Weg«, dem grundlegenden Begriff des traditionellen chinesischen Denkens. In gewissem Sinne ist das
Denken des alten China im wesentlichen eine Art »Daoismus« = »Lehre vom Weg (des Menschen, des Staates, der
Gemeinschaft)«. Jene geistige Strömung, die gemeinhin als
Daoismus bezeichnet wird, ist nur eine besondere Form
dieses allgemeineren »Daoismus«. Im Inhalt des *dao*-Be-
griffs verbinden sich Objektives und Subjektives: Das richtige, sittlichen Maßstäben entsprechende Verhalten von In-
dividuum und Gemeinschaft, die rechte Art, den Staat zu
führen und Politik zu betreiben, als subjektive Kompo-
nente, und das Resultat dieses richtigen Verhaltens, nämlich
ein bestimmter Zustand der Gesellschaft, die gesellschaftliche Ordnung, als objektiver Aspekt. Schließlich ist *dao*
ebenso die Einheit von rechten Prinzipien des Verhaltens
(auch im Sinne von Lehre, von »Wahrheit« in einem ethischen Sinne) und ihrer korrekten Einhaltung.

Das *dao* als Ordnung des Weltganzen – als dessen geord-
neter Weg – ist kein Zustand für sich, keine Prädetermina-
tion. Das zeigt schon das Schriftzeichen; es besteht aus
»Kopf« und »Fuß«: Ein Weg wird, indem man ihn geht. Die
Ordnung der Welt ist abhängig von dem einer entsprechenden inneren Disposition folgenden Verhalten der Phänomene. Dabei hat der Mensch die besondere Fähigkeit zur
Entscheidung für Gut oder Böse, Ordnung oder Unord-

nung. Es muß also darauf ankommen, sein Verhalten zu formen und ihn entsprechend zu trainieren – dies als eine Basisintention konfuzianischer Weltsicht überhaupt.

Interessant ist in diesem Zusammenhang der folgende Ausspruch des Konfuzius:

»Der Mensch kann Gutes denken und hohen Idealen folgen [er kann *dao* praktizieren, d. h. den rechten Weg gehen]. Das bedeutet aber nicht, daß er dadurch zu Ansehen und Einfluß gelangt.« (XV,29)

Möglicherweise steht hinter dieser konkreten Aussage eine abstrakte Metabedeutung, die für uns mitgesagt wird, wenn wir *dao* unter dem Gesichtspunkt nicht nur seiner subjektiven, sondern auch seiner objektiven Bedeutungskomponente als Ordnungszusammenhang begreifen. Dann nämlich lesen wir, daß der Mensch das *dao* groß machen kann, indem er als aktiver Gestalter dieses Ordnungszusammenhanges agiert, daß aber dieses *dao* nicht als unabhängiges Agens den Menschen groß zu machen vermag.[11]

Wir haben hier ein Bedeutungskontinuum vor uns, das sich aus der Interferenz von Subjektivem und Objektivem innerhalb der Bedeutung des *dao*-Begriffs ableitet und die kulturelle Morphologie des alten China widerspiegelt. Damit verdeutlicht sich erneut der Einfluß der kulturellen Morphologie auf die Problematik des Übersetzens.

Werfen wir zunächst noch einmal einen Blick auf die Zeitumstände: Für Konfuzius war die gesellschaftliche Situation, mit der er konfrontiert war, *wu dao* – ohne *dao*. Die Welt hatte für ihn den rechten Weg verlassen (V,7); sie war aus den Fugen geraten. Nach allem, was wir wissen, entstammte der Meister der sozialen Schicht der *shi*, von der bereits die Rede war, also dem unteren Stratum des alten Adels; zumindest dürfte er dieser Schicht nahegestanden

---

11 Als weiterführende Studie zu den diversen Begriffen der *Gespräche* vgl. Hall / Ames (1987).

haben. Vielleicht geben die Bemerkungen des Schülers Zeng-zi in Kapitel VIII der *Gespräche* einen Hinweis auf diesen Sachverhalt. Er meint wahrscheinlich Konfuzius, wenn er in bezug auf einen *shi* davon spricht:

> »Sich der Pflicht widmen, die Tugend der Menschenliebe in der Welt verbreiten – ist das etwa nicht schwer? Erst der Tod beendet sein Streben – ist dieser Weg etwa nicht weit?« (VIII,7)

Da die *shi* tatsächlich in der damaligen allgemeinen Umschichtung einen Funktionswandel durchliefen, der dazu noch in Konfuzius personifiziert ist, wurde die Übersetzung »Gelehrter« gewählt, wie sie der künftigen Bedeutung des Schriftzeichens entspricht.

Die Reflexion des lebensweltlichen Umbruchs durch Konfuzius mag aus dieser *shi*-Situation ihre Spezifik beziehen. Für die *shi* bedeutete der Umbruch Chance und Mobilisierung, aber auch Verlust bisheriger Eingebundenheit und fixierter Sicherheit. Die Tatsache, daß der Meister viele Jahre durch die Teilstaaten des damaligen China reiste, um Verwendung und Anstellung zu finden, bringt diesen widersprüchlichen Zusammenhang sehr deutlich zum Ausdruck. Und wie uns das *Gespräche* mitteilen (VII,23; IX,5), hat er dabei so manche Gefahr bestehen müssen. Ungebremstes Machtstreben ließ die festen Normen der Tradition vergessen. Oben und unten kehrten sich um; der Sohn rebellierte gegen den Vater – das war das Aufbegehren des Niederen gegen den Höheren in der Familie und im Staat. Die bisherigen Regeln menschlichen Zusammenlebens, die davon bestimmten Formen von Anstand und Umgang – sie galten nicht mehr:

> »Moral und Charakter werden vernachlässigt. [...] Man kennt die Pflichten, aber kommt ihnen nicht nach. Was an einem nicht gut ist, vermag man nicht zu ändern. Das sind Dinge, die mir Sorge bereiten.« (VII,3)

Aus der *shi*-Perspektive heraus war diese Situation als Bedrohung durch das Chaos interpretierbar, die es aufzuheben galt. Zugleich generierte diese Perspektive die Idee, wonach der Wiedergewinn von Ordnung und die Behebung des Chaos von einer erneuten verbindlichen Differenzierung der Aufgaben, Pflichten und Rollen von Oben und Unten abhängt. Eine solche Differenzierung war bislang durch *li*, die Riten und Zeremonien, geregelt. Die Vernachlässigung der Riten wurde vor diesem Hintergrund als die entscheidende Ursache für alle sozialen Verwerfungen empfunden, zumal die *shi* – wie wir bereits wissen – in den Fragen von Etikette und Ritual besonders gebildet waren. Diese Bildung war ein essentieller Bestandteil der Tradition und inhaltlich Wissen um den praktischen Vollzug von Hierarchie.

Andererseits ist zu bedenken, daß die Mitglieder dieser sozialen Schicht der Herausforderung gegenüberstanden, im gesellschaftlichen Wandel neue Funktion und Identität zu gewinnen. So wird diese Bildung Ausgangspunkt für ein neues Selbstverständnis; sie wird dabei im Kontext lebensweltlicher Veränderungen in einem soziologischen Sinne »freigesetzt« – Konfuzius ist der markante Ausdruck dieses facettenreichen Vorganges, in welchem *shi* die neue Bedeutung des »Gelehrten« annimmt. So manifestiert sich in Konfuzius der Anspruch, unter Rückgriff auf Tradition eine Mission zur moralischen Rekonstruktion der Welt zu erfüllen – ein Vorhaben, das immer wieder dazu antreibt, einen Herrscher oder Mächtigen zu suchen, der sich in den Dienst dieser Vision stellt.

Die folgende Stelle gilt als der klassische Beleg für die inhaltliche Orientierung der Vision auf die klare Differenzierung von oben und unten, die Trennung der Funktionen und Rollen:

»Der Herrscher muß Herrscher sein, der Untertan muß Untertan bleiben. Der Vater sei Vater, der Sohn Sohn.« (XII,11)

Konfuzius sagt diese Worte zum Herrscher von Qi, und zwar angesichts von Intrigen am Hofe. Er beklagt, daß es Leute gibt, welche in ihrem Verhalten nicht der Stellung entsprechen, die sie einnehmen. So diagnostiziert er einen Widerspruch zwischen Namen (*ming*) und Realitäten (*shi*), der durch »Richtigstellung der Namen« (*zheng ming*) aufzulösen ist. In Kapitel XIII,3 heißt es:

> »[Der Schüler] Zi-lu sprach zu Konfuzius: ›Wenn Euch der Herrscher des Staates Wei die Regierung anvertraute – was würdet Ihr zuerst tun?‹
> Der Meister antwortete: ›Unbedingt die Namen richtigstellen.‹ Darauf Zi-lu: ›Damit würdet Ihr beginnen? Das ist doch abwegig. Warum eine solche Richtigstellung der Namen?‹
> Der Meister entgegnete: ›[...] Stimmen die Namen und Begriffe nicht, so ist die Sprache konfus. Ist die Sprache konfus, so entstehen Unordnung und Mißerfolg. Gibt es Unordnung und Mißerfolg, so geraten Anstand und gute Sitten in Verfall. Sind Anstand und gute Sitten in Frage gestellt, so gibt es keine gerechten Strafen mehr. Gibt es keine gerechten Strafen mehr, so weiß das Volk nicht, was es tun und was es lassen soll.‹«

Dabei ist die Sprache vor allem als soziale Nomenklatur bestimmt, wobei die Wörter/Namen als Träger einer bestimmten Norm, eines jeweiligen Soll-Bildes von Verhalten, ausgewiesen sind. Sprache ist dann konfus, wenn Wörter/Namen benutzt werden, die nicht mehr dem Begriff entsprechen, welcher das Soll-Bild zum Ausdruck bringt. In diesem Sinne sind Name und Begriff wieder in Übereinstimmung zu bringen, und zwar dadurch, daß jene den Namen / die Bezeichnung / den Platz erhalten, die auch dem jeweiligen Soll-Bild-Begriff entsprechen, wobei zugleich dieser Begriff historisch gesichert wird. Und dann ist auch die Konfusion der Sprache behoben.

»Richtigstellung der Namen« wird zur Voraussetzung für korrektes Regieren. Regieren heißt, den »Namen« zu erfüllen und so an der Spitze beispielhaft das Rechte zu tun – »wer würde dann wagen, anders zu handeln?« Damit hat es selbst die Bedeutung von »Richtigstellen«. (XII,17)

Konfuzius ging es vor allem darum, die Grundsätze und Regeln von *li* wieder zur Geltung zu bringen. Es stellt einen der wichtigsten Begriffe des Konfuzianismus dar und erscheint in den *Gesprächen* 74mal. Ursprünglich meint *li* – in sakraler Bedeutung – das Verhalten bei Opferzeremonien, die Ahnenverehrung, die Totenbräuche, die Zeremonien bei Begräbnis und Trauer. Angesichts der engen Beziehung zwischen Religion und Herrschaft bezeichnete *li* dann auch den Ritus der Macht, alles Rituelle und Kultische, was mit dem Herrscher und dem Hof sowie mit der religiösen Legitimation von Herrschaft durch Berufung auf Himmel und Ahnengeister verbunden war. Schließlich drückten Riten und Zeremonien die Stellung eines Menschen in der sozialen Hierarchie aus.

Mit einer bestimmten Stellung, einem bestimmten Rang, waren bestimmte Riten, ein bestimmtes rituelles Verhalten, verknüpft. So zum Beispiel entsprach es *li*, daß sich der Herrscher des Reiches acht Gruppen für rituelle Tänze und Musik hielt, den höchsten Adligen, Herzögen und Fürsten, kamen sechs solcher Gruppen zu, hohen Würdenträgern vier. Damit hatte sich *li* objektiviert – es brachte Institutionen der Machtausübung in der Zhou-Gesellschaft und letztlich auch deren hierarchische Gliederung zum Ausdruck.

Der Prozeß der Dehnung des Begriffs *li* führte dazu, daß er das bezeichnete, was sich in der Gesellschaft gehörte, was zu tun oder zu lassen sich schickte, was die Gesellschaft als Sittlichkeit und Anstand bestimmte. Damit erfaßt *li* auch die äußeren Formen des Benehmens, die Art der Mimik, der Kopfhaltung, des Ganges, des Grüßens, der Kleidung (»Der Edle trug keine Kleidung mit grellen, auffallenden Farben. Hellrot und Purpur nahm er nicht einmal für seine

gewöhnlichen Hauskleider.« X,6). Dabei war stets zu beachten, ob sich der jeweilige soziale Kontakt als Gefälle
oder Steigung darstellt, ob es sich um soziale Nähe oder
Ferne handelt. Hier tritt uns die große Bedeutung von Ver-
haltensformen entgegen, wie sie sich durch Chinas Kulturgeschichte ziehen sollte.

Ohne Zweifel ist *li* ein Faktor von beträchtlichem Einfluß
auf die Struktur der Mentalität, der vermittelt ist durch die
für diese Kultur so wichtige Betonung der sozialen Funktion und Eingebundenheit des Einzelnen. Dies wirft letztlich grundlegende Fragen nach dem Verhältnis von Sozialisation und kultureller Morphologie auf.

Es gibt in den *Gesprächen* eine ganze Reihe von Passa-
gen, wo die Wichtigkeit äußerer Formen des Verhaltens unterstrichen wird. Sie beherrschen fast das ganze Kapitel
X. Bekannt ist die Sentenz:

»Er [Konfuzius] setzte sich nicht auf die Matte, wenn
sie nicht glatt und gerade lag.« (X,12)

Diese Bemerkung erscheint wie eine formelhafte Zusam-
menfassung. Dabei dient Konfuzius den Kompilatoren der
Gespräche offenbar als Medium, um den Stellenwert äußerer Formen zu demonstrieren.

Durch *li* wird dem Einzelnen und seinem Verhalten
Grenzen gesetzt. Es stellt eine Schranke dar und bedeutet
Normierung des Verhaltens, seine Formung und Beschränkung zugleich – Inbegriff der sozialen Bindung, der Einbindung des Individuums in das gesellschaftliche Netz. Einhaltung von *li* ist ein Sich-Fügen nach Maß des jeweiligen
Ranges und Standes.

»Zuviel ist ebenso falsch wie zuwenig.« (XI,16)

Zuviel ist Rebellion, zuwenig hingegen Pflichtvergessen-
heit. Jeder auf seinem Platz – so verhieß *li* Einklang und
Harmonie (I,12).

Das *li* des Konfuzius stand im Zeichen des Bewahrens; damit insistierte er auf Kontinuität:

»[Der Schüler] Zi-zhang fragte: ›Kann man wissen, was nach zehn Generationen sein wird?‹
Konfuzius antwortete: ›Die Yin[Shang]-Dynastie[12] folgte der Xia-Dynastie, ihren Sitten und ihrer Ordnung [den *li* der Xia].
Was sie davon verworfen und was sie hinzugefügt hat, weiß man noch. Die Zhou-Dynastie folgte der Yin-Dynastie, deren Sitten und deren Ordnung [den *li* der Yin].
Was sie davon verworfen und was sie hinzugefügt hat, ist ebenfalls bekannt.
Mögen den Zhou auch noch andere folgen, man kann voraussehen, was sein wird, und wenn es sich um eine Spanne von hundert Zeitaltern handelt.« (II,23)

An anderer Stelle heißt es:

»Konfuzius sprach: ›Die Zhou-Dynastie folgt den beiden vorangegangenen Dynastien der Xia und Shang. Wie vornehm und kultiviert! Ich folge Zhou.‹« (III,14)

Indem der Meister *li* als die allgemeine und notwendige Grundlage von gesellschaftlicher Ordnung versteht, muß seine Strategie zur Wiederherstellung dieser Ordnung darauf ausgerichtet sein, im Sinne von *li* Gegenwart auf Vergangenheit zurückzubeziehen und so den Bruch zwischen beiden zu beheben. So kann er gar nicht anders, als zu sagen:

»Ich übermittle, aber ich schaffe nichts Neues. Ich glaube an das Alte und liebe es.« (VII,1)

Konsequenterweise nahm er Vergangenes in Schutz:

---

12 Die Shang-Dynastie (16.–11. Jh. v. Chr.) wird nach einer ihrer Hauptstädte auch als Yin-Dynastie bezeichnet.

»Gegen Handlungen, die bereits vollzogen sind, soll man keine Einwände erheben. Vergangenes soll man nicht tadeln.« (III,21)

Vermerkt sei, daß Konfuzius in der zitierten Passage von unterschiedlichen Arten von *li* spricht, von *li* der Xia, der Shang/Yin und der Zhou – offenbar erkennt er Unterschiede, und er akzeptiert auch Modifikationen in der Zukunft. So erscheint *li* nicht als starr-vorgegebenes Schema, das stets unverändert wiederherzustellen wäre. Es ist vielmehr eine allgemeine Regel des Verhaltens, wobei der Einzelne in Akzeptanz einer im familiären Mikro- wie im Makrobereich ungleich konstituierten, abgestuft-hierarchischen Gesellschaft so auftritt, daß die Ordnung des Gesamtgefüges gewahrt bleibt. Dies schließt die fortwährende Rückkopplung zwischen dem eigenen Platz und dem Fließbild des Gesamtgefüges, das als Resultante des Verhaltens aller aufgefaßt ist, voraus.

Die Umsetzung der Regel konkretisiert sich damit in Abhängigkeit von der gegebenen sozial-kommunikativen Situation; diese Regel ist das Prinzip der Ein- und Unterordnung, und zwar unabhängig von der jeweils bestehenden Konstellation von Positionen, Ämtern und Stratifikationen – ein Umstand, der auch zur historischen Dehnbarkeit des Konfuzianismus beigetragen haben dürfte.

Damit erklärt sich auch die relativ karge Verbal-Ausstattung jener – bereits zitierten – Stelle (XII,11), die fordert, daß Herrscher, Untertan, Vater und Sohn der jeweiligen Soll-Norm zu entsprechen haben: Es geht gar nicht um die in der bisherigen Struktur verankerten alten Adelsränge, es geht nicht darum, Herzog, Fürst, Graf usw. zu sein; vielmehr wird ein ethisches Normativ mit bestimmten Verhaltensstandards verkündet.

Es hatten die Xia ihre *li*, die Shang/Yin ihre *li* und die Zhou ihre *li* – dies war alles der allgemeinen Regel, nicht aber der konkreten, auch rituellen, Form nach gleich. Kon-

fuzius folgt den *li* der Zhou, sie waren ihm vertraut, er empfand sie als kultiviert, und sie waren historisch naheliegend.
Dem Grundprinzip nach folgten die *li* der Zhou den Vor-
läufern, wie alles Künftige Zhou zu folgen hat. Ob und wie
dies geschieht, hängt von den Menschen ab. Seine Zeit
schien, wie Konfuzius meinte, dieses Grundprinzip zu mißachten – darum Rückkehr zu *li* = Rückkehr zu *dao*. Das
Reich unter dem Himmel so zurückzuführen, darin sah er
seine ökumenisch-zivilisatorische Aufgabe.

Bislang war Ein- und Unterordnung vor allem durch das
Privilegium der Geburt quasi-natürliche Selbstverständlichkeit gewesen, deren Rolle als Normativität des Lebens
durch die Werte der alten Religion, durch die Verehrung
von Himmel und Ahnengeistern, unterstrichen wurde. Der
nunmehr bestehende Zwang, angesichts der Krise der chinesischen Welt – dies vor dem Hintergrund von Verhältnissen, die auf neuartige Weise die Möglichkeit von Wahl und
Entscheidung boten – Ordnung zu begründen, veranlaßte
Konfuzius zur Idee, *li* als alte Verhaltensmuster auf diese
neuen Verhältnisse zu übertragen. Dies ist eine Reaktion,
welche der lebensweltlichen Verortung des Meisters entspricht und dabei sowohl das traditionell *li*-geprägte Bil-
dungsprofil der *shi* als auch ihren – im Zuge gewachsener
sozialer Mobilität überhaupt erst möglichen – Anspruch auf
gesellschaftliche Geltung spiegelt.

Die Strategie der Anwendung des *li*-Musters auf neue
Verhältnisse verlangt in Zusammenhang mit dem dabei ent-
standenen Begründungsbedarf konsequenterweise auch ein
neues Konzept zur Durchsetzung von *li*. In diesem Ordnungsentwurf erkennen wir somit eine ambivalente Reaktion auf den gesellschaftlichen Umbruch, die sich inhaltlich
in den beiden großen Spannungen dieses Konzepts ausdrückt, dem Widerspruch zwischen Tradition und Innovation sowie von Hierarchie und Gleichheit.

Es handelt sich um ein Programm der Erziehung und
Selbsterziehung, das sich nunmehr an alle Mitglieder der

Gesellschaft wendet – mit dem Ziel, *li*-Verhalten nach dem Wegbruch seiner alten sozialen Verankerung vom Inneren des Menschen her und aus den Tiefen der Gesellschaft neu zu konstituieren. Dazu wird eine innere moralische Disposition benötigt, eine Gesinnung, die eine bewußte Entscheidung für das veranlaßt, was sich dem eigenen Platz gemäß ziemt. Sie – und nicht, wie bisher, die Geburt – entscheidet über Platznahme und Platzwahrung; sie wird entscheidend für die moralische Rekonstruktion der Welt.

Es ist diese Gesinnung, die als *ren* bezeichnet wird – das Zeichen erscheint 109mal in den *Gesprächen*. Das Zeichen besteht aus den Elementen »Mensch« und »zwei« = »Mensch unter Menschen«. In vorkonfuzianischer Zeit spielte *ren* keine wichtige Rolle; es bedeutete damals »gut«, »gütig«, »die Fähigkeit, zu anderen gut zu sein«. Bei Konfuzius wird *ren* hingegen zu einer ethischen Kategorie, die innerhalb einer Konzeption in einem von uns zu definierenden Verhältnis zu anderen Kategorien steht. Sie bezeichnet eine moralische Qualität, die – und dies als Konsequenz aus der Intention einer moralischen Rekonstruktion der Gesellschaft – prinzipiell von allen Menschen entwickelt werden kann. Dabei wird ein für alle Menschen gleicher Maßstab zur Bewertung von Verhalten entwickelt. So sehr Konfuzius auch Tradition betont und so sehr er auch in den Bahnen des tradierten *li*-Prinzips wandelt – in diesem Kontext erkennen wir eine bedeutende innovative denkerische Leistung, die sich mit der inhaltlichen Breite der neuen Begrifflichkeit von *ren* verbindet.

Es ist ein Moment der Gleichheit in dieser Konzeption, das in einem interessanten Spannungsverhältnis zur Orientierung auf *li* steht. Alle Menschen haben im Grunde die gleiche Potentialität, eine Moral auszuprägen, deren Zielfunktion darin besteht, Ungleichheit in der Balance eines Ordnungszusammenhangs zu halten. Die Absicht zur moralischen Rekonstruktion der Gesellschaft erzeugt dabei einen Rationalisierungsimpuls, durch welchen *ren* die Bedeutung »Fähigkeit zur Integration in die Gemeinschaft« und in diesem Sinne von »Mit-Menschlichkeit« gewinnt. Innerhalb der Kriterien dieser Ethik meint *ren* damit »das Gute tun«, »Moral« schlechthin, »das richtige Verhalten zu anderen Menschen«, »den guten Charakter« und – auf Grund der Interdependenz mit *li* – auch »sittliches Verhalten«, »die sittliche Handlung«. Es handelt sich auch hier – analog zu *li* – um ein Bedeutungsfeld, ein Umstand, der auch bei der Übersetzung zu beachten ist.

In Kapitel XII,22 finden wir den Satz:

»[Der Schüler] Fan Chi wollte wissen, was sittliches Verhalten [*ren*] sei.
Konfuzius antwortete: ›Die Menschen lieben.‹«

Die Menschen lieben – das heißt, sich selbst zurücknehmen, sich eben nicht selbst lieben, sondern Eigensucht und Egoismus ablegen und die Expansion des Ego verhindern. Damit bedeutet auch *ren*, sich dem eigenen Platz gemäß in das Gesamtgefüge einzuordnen und das zu tun, was einem zukommt:

»Yan Hui wollte wissen, was sittliches Verhalten [*ren*] sei.
Konfuzius antwortete ihm: ›Sich selbst überwinden, die eigenen Wünsche und Begierden bezwingen [*ke ji*], sich von Anstand, Höflichkeit und guten Sitten [*li*] leiten lassen, das ist sittliches Verhalten [*ren*].‹« (XII,1)

Diese Stelle weist auf den so überaus wichtigen Zusammenhang zwischen *ren* und *li* hin, der *ren* an Hierarchie bindet – so haben wir im Begriff *ren* selbst die Spannung zwischen Gleichheit und Ungleichheit. In der Tat sind *li* und *ren* interdependente Begriffe, und in dieser Beziehung zwischen beiden liegt der inhaltliche Kern der *Gespräche*. Ohne *ren* kein *li*:

»Wer seine Pflichten gegenüber den Menschen [*ren*]
nicht kennt, wie kann der die Riten und Umgangsformen [*li*] einhalten?« (III,3)

Insofern erscheint jetzt *ren* als Basis für *li*; in *li* offenbart
sich *ren*-Qualität. Andererseits ist *li*-Praxis ein Training im
Sinne der Einhaltung von Regeln partizipatorischen Verhaltens, eine Übung im praktischen Einbringen in Gemeinschaft, des Sich-Beziehens auf andere. Damit wird durch *li*-
Praxis wiederum *ren*-Gesinnung trainiert. Die *li*-Praxis ist
damit ein wichtiger Erziehungsprozeß, um Haltungen auszuprägen, die für eine konfliktfrei geordnete Gesellschaft
als bedeutsam erachtet werden.

Dazu muß aber *li* mit der inneren *ren*-Einstellung prakti-
ziert werden; *li* darf nicht zur Formalie degenerieren (III,1,
III,2, III,26). So wichtig die äußeren Formen des Verhaltens
sind, so bilden sie doch keinen Selbstzweck, sondern sie
sind Funktion für ein geordnetes Ganzes. So begründet erst
ren die Fähigkeit, den eigenen Platz, das eigene Amt auf die
Ordnung des Gesamtgefüges hin zu funktionalisieren und
von dorther die eigene Rolle zu begreifen. Als holistisches
Prinzip drückt *ren* die Unterordnung des Teiles unter das
Ganze aus; es harmonisiert die Differenz und vermittelt
zwischen den Abstufungen. Es ist damit eine Strategie der
Konfliktlösung. Nachdem die Selbstverständlichkeit der
hierarchischen Abstufung historisch obsolet geworden ist,
soll *ren* die *li*-Schichten unter argumentativem Bezug zu einer übergeordneten Einheit, auf die alle angewiesen sind,
zum harmonischen Ganzen komponieren.

Das Verfahren, in welchem *ren* umgesetzt wird, ist *shu*,
oft als »gegenseitige Rücksichtnahme«, »Reziprozität«
übersetzt. Wir verstehen die folgende Textstelle aus XII,2
als Erklärung:

»Was du selbst nicht wünschst, das tue auch anderen
nicht an.«

Auffällig ist die negative Formulierung dieses Grundsatzes, bei der nicht davon ausgegangen wird, daß das, was für einen selbst gut ist, auch für andere gut sein muß; sie bedeutet damit eine stärkere Zurücknahme des Ego im Verhältnis zu einer positiven Formulierung. Mit *shu* ist gemeint, das Rechte zu tun, indem man sich mit anderen gleichmacht; es bedeutet, sich zur Gemeinschaft hin zu entgrenzen. Damit ist es konsequenterweise inhaltlich mit der erwähnten »Selbstüberwindung« (*ke ji*) verquickt.

Die Art und Weise, wie shu zu geschehen hat, ist durch *zhong* bestimmt; meist wird es mit »Treue/Loyalität« übersetzt, wobei das Schriftzeichen angibt: »mit dem Herzen auf die Mitte ausgerichtet sein«. »Mitte« steht für die Balance des Ordnungsgefüges, die ich mit meinem Verhalten zu wahren habe. Im Interesse dieser Mitte habe ich meinen Platz auszufüllen; ich darf nicht übertreten und damit gegenüber anderen auch nicht illoyal sein. Damit meint *zhong*, seinen Platz treu und loyal auszufüllen. Mit der Bindung an *zhong* erhält *shu* einen abgestuft differenzierten Charakter. Wie ich nicht mißachtet werden will, soll ich auch andere nicht mißachten:

> »Konfuzius sprach: ›Zeng Shen [Zeng-zi], es gibt einen Gedanken, der sich wie ein roter Faden durch meine Lehre zieht.‹ [...]
> Nachdem der Meister gegangen war, fragten die Schüler: ›Was bedeutet das?‹, und Zeng-zi sagte daraufhin: ›Treu sein und immer das Rechte tun [*zhong* und *shu*] – das ist der Weg des Meisters, und nichts weiter!‹«
> (IV,15)

Die Ausübung integrativer Mit-Menschlichkeit (*ren*) in der täglichen Lebenspraxis und damit auch von *shu* und *zhong* bedarf der konkreten Verhaltensnormen und Einzeltugenden; über sie vollzieht sich *ren*. Dabei werden vor allem genannt: *xin*, »Aufrichtigkeit/Zuverlässigkeit und damit auch Vertrauenswürdigkeit« (vom Schriftzeichen her

»der Mensch, der zum Worte steht«); *jing*, »respektvolle Achtsamkeit« (verbunden mit dem Dienst am Höhergestellten); *zhi*, »Geradheit«; *yong*, »Mut« (als Mut zum Rechten); *gong*, »ehrerbietige Höflichkeit«; *rang*, die Fähigkeit, sich zurückzunehmen. Die konfuzianisch gedachte Funktion dieser Tugenden besteht darin, Abstufungen, Differenzierungen, Stratifikationen eines gesellschaftlichen Organismus in einer kohäsiven Einheit zu halten.

Von dieser Zielrichtung her ist das Wirkungsfeld der Einzeltugenden bestimmt, damit aber auch limitiert. Keine der Tugenden darf für sich exorbitant werden, weil sie dann dem Ziel harmonischer Einheit und in der Konsequenz *ren/li* widerspricht. Die Zielfunktion *ren/li* gibt allen Tugenden ihre Fassung; sie bedeutet wechselseitige Ergänzung wie gegenseitige Beschränkung. Mut ist gefordert, wenn es darum geht, dem Rechten zum Durchbruch zu verhelfen. Ohne dieses Ziel aber führt es zu bloßer Rebellion. Geradheit ist wichtig für einen moralischen Menschen – ohne Höflichkeit stört sie das Zusammenleben. Respektvolle Achtsamkeit ist notwendig, um Ordnung und Kompetenz zu wahren; ist aber Herrschaft verwerflich, besteht auch die Pflicht zum Widerstand (XIV,22). Notfalls muß man auch das Leben für die Überzeugung opfern (XV,9). Die *ren*-bezogene Balance der Tugenden – das ist die Wahrung von Maß und Mitte (*zhong yong*), denn diese Balance hält zusammen (VI,29). Sie sichert den Mittelpunkt für jedes und für alle, in der inneren wie in der äußeren Welt des Menschen.

Jede Tugend muß in ihrem Maß aus der *ren*-Perspektive her der jeweiligen Situation angemessen sein. Eine solche Angemessenheit *yi* ist das zu einer Situation passende Verhalten, ist in dieser Situation Pflichterfüllung und Rechtschaffenheit im *ren*-Bezug. Dieses *ren* braucht *yi* im jeweils konkreten Kontext praktischen Lebensvollzugs; andererseits löst sich *yi* ohne Bindung an *ren* in der Sphäre des Unverbindlichen auf. Damit erfüllt *yi* eine bilaterale Koppelungsfunktion.

Zugleich bedeutet *yi* die Möglichkeit der Flexibilität: Wenn es die sich stets wandelnden Umstände erfordern, können auch Verhaltensweisen neu bewertet werden, um die *ren*-Balance zu gewährleisten. Angemessenheit erweist sich als eine spezifische Form von Pragmatismus indizierend, als eine wandelbare Größe – es ist das jeweils Gemäße. Damit verbindet sich ein Anpassungs- und Biegsamkeitspotential, was sich heute auch in der Form des neuen Konfuzianismus zeigt.

Eine besondere Rolle innerhalb des konfuzianischen Normen- und Wertesystems spielen *xiao* mit der ursprünglichen Bedeutung von »Erfüllung kindlicher Pflichten/Ehrfurcht gegenüber den Eltern« und *ti* als »Achtung bzw. Folgsamkeit des jüngeren Bruders gegenüber dem älteren«. Konfuzius nennt *xiao* und *ti* »Wurzeln von *ren*« und damit aller Sittlichkeit (I,2). Hier verdeutlicht sich, daß die mit *li* ausgedrückten Verhaltensmuster der Ein- und Unterordnung die ursprünglich patriarchalische Verfaßtheit der Gesellschaft spiegeln. In der Realität dieser Gesellschaft war die politische Ein- und Unterordnung weitgehend identisch mit entsprechenden intrafamiliären Bezügen gewesen. Vor dem historischen Hintergrund der Auflösung einer solchen Identität will Konfuzius mit der Übertragung der alten Verhaltensmuster auf die neuen Verhältnisse die Bindungskräfte intrafamiliärer Normen makrogesellschaftlich regulierend nutzen. Zwangsläufig tritt an die Stelle der Identität die Dehnung der Familienethik zur Staatsethik.

Als Konsequenz erscheint Gehorsam in der Familie, der in *xiao* und *ti* fokussiert ist, als Muster allgemeiner gesellschaftlicher Einordnung. Wie in der Familie Unterordnung und Bindung aneinander herrschen, so soll es auch in der Gesellschaft sein: das Umgreifen der Unterschiede, das Vermitteln der Differenzen. Dabei wird logischerweise die Rolle der Familie als Trainingsstätte richtigen Sozialverhaltens betont. Dort wird Einpassung zur Gewohnheit und das ABC der Sozialisation erlernt, das zu korrektem Ver-

halten in der Gesellschaft befähigt. So sagt ein Schüler des
Meisters:

> »Es gibt selten Menschen, die ihren Eltern mit Ehr-
> furcht, ihren älteren Brüdern mit Achtung begegnen
> und die trotzdem gegen die Obrigkeit rebellieren wol-
> len.« (I,2)

Und ein anderer Schüler führt aus:

> »Du weißt, daß die Beziehungen zwischen alt und jung
> ihre Ordnung haben müssen. Wie kannst du dann das
> richtige Verhältnis zwischen Herrscher und Untertan
> mißachten?« (XVIII,7)

So markieren *xiao* und *ti* den Ausgangspunkt der rechten
Moral, wobei zugleich der wechselseitige Verweis von intrafamiliärer und makrogesellschaftlicher Norm zum Ausdruck gebracht wird. Pietätvolle Fügsamkeit wirkt als ge-
sellschaftliches Regulativ. Erziehung wird zu Verteidigung
und Selbstschutz der älteren Generation gegenüber den
Jungen. Die Orientierung des Sohnes auf das Beispiel des
Vaters trifft sich mit dem von Konfuzius gewollten Weiter-
spuren der Gesellschaft im Gleise der Tradition. Es liegt in
der Konsequenz einer solchen Gedankenführung, daß der
Ahnenkult aufgegriffen und zum Instrument der konfuzianischen Ordnungsvorstellung wird.

Die *Gespräche* des Konfuzius – sie sind eine Mahnung an
die Menschen, die benannten Normen zu leben und dabei
ständig an der integrativen Qualifizierung des eigenen Verhaltens zu arbeiten. Es geht um das unablässige Bemühen,
im unendlichen Fluß der Ereignisse und Phänomene den
eigenen Platz im Sinne der Ordnung des Ganzen, letzten
Endes des Universums, auszufüllen. Je mehr dies dem Menschen gelingt, desto mehr entwickelt er eine ordnungsstif-
tende Funktion und mit ihr die Qualität seines Mensch-
seins. So wird der Mensch durch sich selbst zum »komplet-
ten Menschen« – der Mensch als moralischer Schöpfer sei-

ner selbst. Ohne Zweifel ist dies ein humanistisches Ideal, das sich mit dem Optimismus verbindet, wonach sich der Mensch selbst zum Guten zu transformieren vermag.

So erscheint die menschliche Selbstkultivierung als ein Schlüsselthema des Buches. Entscheidendes Mittel der Selbstkultivierung ist das Lernen *xue*, woraus sich wieder die Bedeutung des Lehrers, des Vorbildes sowie der Vorbildimitation ableitet. Die Beziehung zwischen Lehrer und Schüler ist an der Vater-Sohn-Beziehung orientiert, was sich der benannten Wichtigkeit der Familie für die Bestimmung gesellschaftlicher Ordnungskriterien logisch zuordnen läßt. Lernen ist Ausrichtung am herkömmlichen Ordnungsprinzip *li* und in diesem Sinne Aufnahme von Tradition. Es führt zu Wissen, was sich als Wissen um das Rechte darstellt und somit ein primär ethischer Begriff ist. Dies Wissen um das Rechte ist nicht nur Normen-Wissen, sondern Verinnerlichung des Imperativs, entsprechend zu handeln. Wissen und Tun sind in Einheit gesetzt (XIII,5). Lernen ist als Aufgabe für jedermann bestimmt – nicht zufällig leitet der Gedanke an das Lernen die *Gespräche* ein, was den erzieherisch-pädagogischen Charakter des Buches ebenso unterstreicht wie es die Rolle des Meisters als Lehrer hervorhebt.

»Konfuzius sprach: »Bildung soll allen zugänglich sein. Man darf keine Standesunterschiede machen.« (XV,39)

Und er sagt auch:

»Von Natur aus sind die Menschen einander ähnlich. Durch die Erziehung [wiederholte Übung, die zu entsprechenden Gewohnheiten führt] entfernen sie sich voneinander.« (XVII,2)

Damit werden die Unterschiede in sittlicher Qualität und moralischer Kultivierung als die primären, wesentlichen Differenzen des menschlichen Zusammenlebens bestimmt. Grundsätzlich soll auch das einfache Volk die rechte Bil-

dung erwerben können. Zugleich zweifelt der Meister
daran, ob dies in praxi möglich ist, ob die Leute aus dem
Volke die Kraft aufbringen, um die natürliche Anlage zu
entwickeln. Der Ansatz der Gleichheit löst sich in der Dia-
gnose unterschiedlicher Bildungsfähigkeit auf:

> »Wenn ein Mann von hohem Rang die rechte Bildung
> erwirbt, dann lernt er, die Menschen zu lieben. Erwirbt
> der gemeine Mann die rechte Bildung, dann ist er leicht
> zu regieren.« (XVII,4)

Dabei gibt es für Konfuzius die »wirklich Dummen«, die
sich nicht ändern (XVII,3). Auch meint er:

> »Daß einer der Regierenden sich nicht richtig verhält
> [ohne *ren* ist] – das kommt vor.
> Einen Gemeinen aber, der sich richtig zu verhalten
> weiß [*ren* hat], gibt es nicht.« (XIV,6)

Sittliche Erziehung des Volkes – das bedeutet, daß das
Volk, indem es ein solches ist, die Bereitschaft und Fähigkeit zu gehorsamer Einpassung lernt und so die Qualität
seiner Regierbarkeit entwickelt. Damit ist es als politisches
Subjekt nicht vorstellbar. Dabei sagt der Meister:

> »Wer sich zunächst mit den Riten und Umgangsfor-
> men sowie mit der Musik vertraut macht, um dann Be-
> amter zu werden, ist ein einfacher Mann. Der aber,
> welcher erst den Posten hat und dann lernt, kommt aus
> der Schicht der Herrschenden. Ich würde mich für den
> entscheiden, der erst lernen muß.« (XI,1)

Der vermeintliche Widerspruch löst sich auf, wenn wir
bedenken, daß hier unter »einfacher Mann« (*ye ren*) lediglich einer ohne Beamtenposten gemeint ist. Diese Stelle
bringt möglicherweise die schon skizzierte soziale Umschichtung jener Zeit zum Ausdruck: Entwurzelung und
Abstieg von Teilen der alten Aristokratie und andererseits
die Usurpation der Posten durch Emporkömmlinge. Da-

hinter steht die ganze Widersprüchlichkeit der *shi*-Perspektive, aus der sich dann auch die Forderung ableitet, wonach die *li*-Qualifizierung die Voraussetzung für das Amt sein solle.

> »Konfuzius sprach: ›Von Geburt an Wissen haben – das ist die höchste Stufe.
> Durch Lernen Wissen erwerben – das ist die nächste Stufe.
> Große Schwierigkeiten haben und trotzdem lernen – das ist die dann folgende Stufe.
> Schwierigkeiten haben und nicht lernen – das sind Leute der untersten Stufe.« (XVI,9)

Wer von Geburt an Wissen hat, ist ein *sheng ren*, was meist als »Weiser« übersetzt wird, ein »erhabener Mensch«, kontrastierend zu den profanen Menschen und in diesem Sinne auch »heilig«. Dieses *sheng ren*-Konzept wird für die Personifizierung des Paradigmas benötigt, um Lernen und damit moralischer Kultivierung ein Ziel zu geben – der *sheng ren* soll den Kultivierungsprozeß zu sich heraufziehen. Er ist der »Ort«, wo sich der Ordnungsentwurf offenbart. Die Prototypen der *sheng ren* sind zwangsläufig in der Vergangenheit angesiedelt. Konfuzius bringt offenbar die Sagenkaiser Yao und Shun (angeblich aus dem 3. Jt. v. Chr.) mit dem *sheng ren*-Ideal in Verbindung, ebenso den Gründer der Xia-Dynastie, Yu, sowie die frühen Zhou-Könige Wen und Wu, auf die die *li* der Zhou zurückgeführt werden, denen Konfuzius bekanntlich verpflichtet war. So heißt es z. B. vom Kaiser Yao, er habe dem Himmel entsprochen (VIII,19). Aber selbst solche Musterherrscher hatten nach Meinung des Meisters noch ihre Schwierigkeiten, dem Ideal zu folgen (VI,30; XIV,42).

Konfuzius selbst sagt von sich:

> »Ich bin nicht mit Wissen geboren.« (VII,20)

Andererseits erfahren wir:

»Der Himmel war es, der die sittlichen Kräfte [*de*] in mir hervorbrachte.« (VII,23)

In diesem Sinne wird der Meister als Glocke bezeichnet, mit welcher der Himmel die Welt aufwecken will (III,24). Auch finden wir die folgende Bemerkung:

»Als der Meister in Kuang um sein Leben bangen mußte, sprach er:
›König Wen [*wen*, »der Kulturvolle«] lebt nicht mehr – sind die Prinzipien von Sitte und Ordnung da nicht mir anvertraut?‹« (IX,5)

Konfuzius fühlt sich als Träger von (Menschheits-)Kultur – mit *li* als Essenz – in der Nachfolge des Zhou-Königs Wen. Aber nirgendwo finden wir einen Hinweis darauf, daß der Himmel Konfuzius zum Herrscher bestimmt hätte. Vielmehr entsteht der Eindruck, daß der Himmel in seiner Person die Kraft (*de*) installiert hat, der Zhou-Dynastie zur Revitalisierung zu verhelfen – eben durch Verkünden bzw. Lehren des *ren/li*-Programms. Eine solche Vorstellung wiederum konstituiert das Selbstverständnis des Meisters.

Das Ideal des *sheng ren* – es ist hier in erster Linie Funktion für die Realisierung des *jun-zi*-Bildes. Die ursprüngliche Bedeutung von *jun-zi* war »Herrscher«, »Herrschender«, womit ein Machtstatus gemeint war. Jetzt aber gewinnt *jun-zi* einen neuen Sinn: Bezeichnet wird jener Mensch, der durch Selbstkultivierung auf dem Wege der Perfektionierung seiner Moral zum Vorbild für andere geworden ist. In diesem Kontext erfolgt die Übersetzung mit »Edler« als »exemplarischer Persönlichkeit«, die beispielhaft Ordnung stiftet. Indem Konfuzius auf das Lernen als Ordnungsfaktor orientiert, steht für ihn der *jun-zi* – nicht der *sheng ren* – im Mittelpunkt seines Bemühens, und für ihn entwickelt er sein Bildungsprogramm.

Das Kontrastbild zu *jun-zi* ist der *xiao ren* – der »gemeine, gewöhnliche Mann / die kleine Person«, zunächst ebenfalls in einer sozialen, jetzt aber auch in einer ethischen Bedeutung, die eine moralische Disqualifizierung zum Ausdruck bringt: Es ist der unkultivierte Mensch, von dem – im Gegensatz zum *jun-zi* – desintegrative Wirkungen ausgehen. Er ist eben deshalb klein, weil er auf sein kleines Ego zurückgeworfen ist und sich nicht zur Ordnung des Ganzen hin zu entgrenzen vermag; *xiao ren* – er ist gelebtes *ren*-Defizit und verkörpert so ein Chaospotential. Indem Konfuzius bei seinem Bemühen um Ordnung unter dem Himmel vor allem auf die Elite zielt, will er diese durch *jun-zi* konstituiert wissen. Die Mächtigen sollen als Edle in ihren Ämtern sein. Damit wird impliziert: Es ist in erster Linie die moralische Qualifikation, welche über Lernen erreicht wird, die zum Amt legitimiert. Der Grundsatz »Durch Lernen zum Amt« sollte ein Grundgedanke des späteren Beamtenprüfungssystems werden.

Oben sollen die Vorbilder für alle stehen, welche in mustergültiger Weise die Moral der Integration leben und die auf diese Weise im Interesse der Ordnung des – hierarchisch abgestuften – Ganzen handeln:

»Man soll Gerades auf Verbogenes setzen, damit auch das Verbogene gerade werde.« (XII,22)

Als der Schüler Zi-lu den Meister fragte, was Regieren sei, antwortete dieser:

»Dem Volk vorangehen, ihm ein Beispiel geben und es anspornen.« (XIII,1)

An anderer Stelle lesen wir:

»[Der adlige Minister] Ji Kang-zi fragte Konfuzius, was Regieren heißt. Der Meister antwortete: ›Regieren heißt, das Rechte tun. Würdet Ihr Euch dabei an die Spitze stellen, wer würde dann wagen, anders zu handeln?‹« (XII,17)

Ferner erfahren wir:

»Wer nach sittlichen Grundsätzen regiert, gleicht dem
Polarstern;
er behält seinen Platz, und die anderen Sterne umkreisen ihn.« (II,1)

Mit der Vorbildrolle, welche die Obenstehenden erfüllen
sollen, wird eine magische Strahlkraft verbunden, die andere in den Bann des Guten zieht:

»Der Herrscher [*jun-zi*] ist dem Winde gleich. Der ge-
wöhnliche Mann [*xiao ren*] gleicht dem Gras.
Bläst der Wind über das Gras, dann biegt es sich.«
(XII,19)

Möglicherweise bringt diese Stelle die Intention des Meisters zum Ausdruck, den alten Begriff *jun-zi* als »Herrscher« mit dem neuen Begriff der moralischen Qualifiziert-
heit kongruent zu machen – genau darum findet für beide
Begriffe das gleiche Wort Verwendung.

Regieren muß nicht nur moralisch legitimiert sein; vielmehr schafft Ausübung von Macht, Teilhabe an ihr, auch die
Möglichkeit zu weitergreifender moralischer Kultivierung
der Persönlichkeit. Der Konfuzianismus fordert die Bindung der Macht an die Moral, und darüber hinaus postu-
liert er das Wirken im öffentlichen Amt, da durch Bindung
dieses Wirkens an Moral nach Maßgabe wachsender Funktion und Kompetenz des Amtes integrative Ordnung erzeugt wird. Dabei manifestiert sich mit dem Radius der
ren-Praxis die Qualifikation von Sittlichkeit; die politische
Zielprojektion der konfuzianischen Ethik wird durchsichtig
– von seiner Grundintention her muß der Konfuzianer so-
zial-praktisch sein.

Es liegt in der Hand der Herrschenden, das Volk richtig
zu behandeln – darin weist sich in erheblichem Maße die
moralische Legitimation von Macht aus. Dies ist um so
dringlicher, als dem Volke nicht die Fähigkeit zur Sorge für

sich selbst beigemessen wird. Der Konfuzianer Xun-zi hat es etwa zwei Jahrhunderte nach dem Tode des Meisters formuliert: Man solle die Menschen im Volke so behandeln, als wären sie Säuglinge.

Als der Schüler Zi-gong fragte, woran man eine gute Regierung erkenne, antwortete Konfuzius:

> »Sie muß die Ernährung sichern, muß ausreichend gegen Feinde gerüstet sein, muß danach trachten, daß das Volk Vertrauen [*xin*] in die Regierung hat.«
> Zi-gong fragte weiter: »Wenn man aber nun eines von den drei Dingen aufgeben müßte, worauf könnte man am ehesten verzichten?«
> Der Meister: »Auf die Rüstung.«
> Zi-gong weiter: »Müßte nun wiederum eins von beiden aufgegeben werden, worauf sollte man dann noch verzichten?«
> Konfuzius: »Auf die Ernährung. Ohne Nahrung muß man sterben. Doch seit jeher ist der Tod das Los aller Menschen. Wenn aber das Volk kein Vertrauen in die Regierung hat, kann der Staat nicht bestehen.« (XII,7)

Die Stelle verdeutlicht, daß sich die Maxime einer angemessenen Behandlung des Volkes aus einem übergeordneten Ziel von Ordnung ergibt. Die Vorbildwirkung der Regierenden soll sich aus der korrekten Erfüllung ihrer Pflichten für die Wahrung der Ordnung des Ganzen ableiten und als magische Strahlkraft die analoge Pflichterfüllung des Volkes anregen, die sich komplementär als dienende Einordnung bestimmt. Diese Pflichterfüllung der Regierenden schließt ein, daß sie sich beim Vollzug des Regierens im Sinne der Wahrung von Ordnung auch in ihrer Macht zurückzunehmen vermögen. Sie müssen der Versuchung widerstehen, ihre Macht auf Kosten des Volkes zu mißbrauchen und dadurch dessen Lebensmöglichkeiten einzuschränken. Andernfalls werden sie das Volk zur Rebellion drängen. Dies unterstreicht nochmals die große Bedeutung,

die der Konfuzianismus gerade der moralischen Ausstrah-
lung der Mächtigen für das geordnete Leben des Gemein-
wesens beimißt.

Die *Gespräche* des Konfuzius überliefern das erste gesellschaftliche Ordnungsmodell, das in China argumentativ begründet wurde. Dabei ist der Konfuzianismus die einzige
geistige Strömung des alten China, die ein solches Modell
mit dem Hierarchiegedanken verbindet. Die innere Viel-
schichtigkeit dieses Modells zeigt, daß es sowohl die Potentialität der Orthodoxie – die konfuzianische Stützung von
Macht – als auch die Potentialität der Heterodoxie – die
konfuzianische Kritik der Macht – enthält. Damit deutet
sich die große Spannbreite der Erscheinungsweisen und Ar-
tikulationsformen des Konfuzianismus an, wie wir sie aus
seiner langen Geschichte kennen.

Die Wirkungsgeschichte

Zur Bezeichnung der Konfuzianer wurde vom 5. Jahrhundert v. Chr. an der Begriff *ru* verwendet. Später, in der Han-
Zeit (206 v. Chr. – 220 n. Chr.) begann man, diese geistige
Strömung als *Ru-jia* (*Ru*-Schule) zu bezeichnen, was mit
Konfuzianismus übersetzt wird. Ursprünglich hatte *ru* die
Bedeutung von »weich, sanft«. Vermutlich wurden in vorkonfuzianischer Zeit Personen mit *ru* benannt, die bei Kult-
handlungen assistierten. Davon ausgehend übertrug man
diese Bezeichnung dann auf jene, die in den Fragen des Anstands, der Etikette und der Formen des Verhaltens besonders beschlagen waren, was schließlich die Anwendung des
Terminus auf die Konfuzianer nachvollziehbar macht.

Nach dem Tode des Meisters sollen sich die Anhänger der
ru-Lehre zunächst in acht Strömungen gespalten haben.[13]

---

13 Han Fei-zi, Kap. 50. Han Fei-zi ist die zentrale Gestalt der als Legismus
(Legalismus) bezeichneten politisch-philosophischen Strömung im alten
China; s. die Übersetzung von W. Mögling, *Die Schriften des Meisters Han
Fei*, Leipzig 1994, S. 564.

Aus den folgenden Jahrhunderten sind zwei Gestalten hervorzuheben, denen dann auch in der Gesamtdimension chinesischer Geistesgeschichte besondere Bedeutung zukommen sollte: Meng-zi (Mencius; aus dem 4. Jh. v. Chr.) und Xun-zi (um 313 – 238).

Der Konfuzianismus war zunächst eine Strömung unter vielen. Der gesellschaftliche Umbruch jener Jahrhunderte spiegelte sich in einer Pluralität miteinander konkurrierender sozialtherapeutischer Ansätze und Konzepte, so daß mit Blick auf diese Zeit vom »Streit der hundert Schulen« die Rede ist. Zu diesen hundert Schulen zählen – neben dem frühen Konfuzianismus – insbesondere die Gleichheitsutopie des Mohismus (*Mo-jia*; nach Mo-zi benannt, der im 5. Jh. v. Chr. lebte), der zivilisationskritische, auf Concord mit dem natürlichen Lauf der Dinge orientierte Daoismus (*Dao-jia*; *Dao-de-jing / Tao-te-king*, *Das Buch von Weg und Tugend*) sowie der Legismus oder Legalismus (*Fa-jia*), der die despotische Macht des Herrschers über die gesamte Gesellschaft begründete und damit im Trend der Zeit lag. Vor allem diese Strömungen prägten das geistige Umfeld des frühen Konfuzianismus.

Der Legismus spielte – nach Jahrhunderten der Spaltung – für die neue Einheit des Reiches unter Qin Shi Huang-di im Jahre 221 v. Chr. die Rolle des konzeptionellen Wegbereiters. Damit begann die Geschichte des chinesischen Kaiserreiches, der wohl am längsten währenden politischen Institution in der bisherigen Menschheitsgeschichte. Die Qin-Herrschaft bedeutete einen Bruch mit der Zhou-Tradition. Sie verfolgte die Konfuzianer, welche auf die Kooperation zwischen Herrscher und Beamten setzten, und warf ihnen vor, die Gegenwart durch den Verweis auf die Vergangenheit zu diffamieren – übrigens ein Vorwurf, der in moderner Version in den 60er und 70er Jahren unseres Jahrhunderts in der Volksrepublik China gegen Intellektuelle erhoben wurde. Unter den Qin wurden nicht nur konfuzianische Schriften verbrannt, es sollen auch konfuzianische

Gelehrte lebendig begraben worden sein. Doch diese Herrschaft währte nur kurz: Die Despotie hatte Staat und Gesellschaft auseinandergerissen und die Stabilitätsbreite des
politischen Systems so minimiert, daß die Macht bereits
nach 15 Jahren am Ende war.

Unter der nachfolgenden Dynastie der Han kamen konfuzianische Vision und Macht aufeinander zu. Zwar hatte
der erste Kaiser der Han, der den sozialen Unterschichten
entstammende Gao-zu, zunächst wenig Sinn für konfuzianische Bücherfreude. Dem Konfuzianer Lu Jia soll er erwi-
dert haben: »Ich habe zu Pferde das Reich gewonnen – was
soll ich da mit dem ›Shi‹ und dem ›Shu‹ [zwei alten Büchern, die später zu konfuzianischen Klassikern werden
sollten].« Darauf antwortete dieser: »Ihr habt das Reich auf
dem Pferde gewonnen, aber könnt Ihr es auch zu Pferde regieren?«[14]

Nichtsdestoweniger erschien der Konfuzianismus brauch-
bar, um Loyalitäten zu organisieren und so Staat und Gesellschaft zu verklammern. Das weltgeschichtlich einmalige System der Beamtenprüfungen sollte ein Verfahren werden,
über das eine solche Ethik politisch wirksam werden konnte.
Diese Prüfungen erwiesen sich im Verlauf der chinesischen
Geschichte – besonders ab dem 10. Jahrhundert – immer mehr
als Training von Loyalität im Verhalten, als Vehikel zur Normierung von Denken und Sprache, und wirkten so im Sinne
einer geistigen Homogenität der Oberschicht.

Um einen standardisierten Prüfungsgegenstand zu haben,
wurde das Kompendium konfuzianischer Klassiker ge-
schaffen. Zunächst waren es *Fünf Klassiker Wu jing* (*wu*,
»fünf«; *jing*, »Kettfaden eines Gewebes«). So war es: Als die
Vision zur Macht gelangte, kam aus ihr die Orthodoxie.
Später erweiterte man das Kompendium der Klassiker, wobei auch die *Gespräche* des Konfuzius einbezogen wurden.

14 Vgl. Kap. 97 der *Historischen Aufzeichnungen* (*Shi-ji*) des Si-ma Qian,
   übers. von B. Watson, in: *Records of the Grand Historian of China*, New
   York / London 1961.

Dabei dürfen wir nicht vergessen, daß es auch den Konfuzianer selbst in die Politik trieb. Denn die Vision war ein Projekt, das auf Verwirklichung hin entworfen war. So war die politische Praxis eine Konsequenz konfuzianischer Weltanschauung. Wenn der Konfuzianer moralische Kultivierung als Ausweis der Entwicklung des Menschen und seines Werdens als Kulturwesen versteht und dazu entsprechend sittlich qualifiziertes Handeln als notwendige Bedingung für das schöpferisch-kreative Zustandekommen des Weltzusammenhangs begreift, wenn für ihn Mitmenschlichkeit das Funktionell-Machen des eigenen Ich für den Ordnungszusammenhang bedeutet, dann verlangt sein Leben nach dem politischen Wirken in der Gemeinschaft.

Ein solches Handeln war für ihn unerläßlich, um Entfremdung zu verhindern. Entfremdung war die Leiderfahrung der Distanz, war die Hilflosigkeit der Vereinzelung, das Gefühl, kein Subjekt des Zusammenhanges der Welt- und Lebensverhältnisse zu sein, war mangelnde menschliche Qualifikation, ein Nicht-Dazugehören. Das Sich-Einbringen hingegen sollte Kommunion mit der Welt herstellen, die Subjekt und Objekt ineinander führt – vom Ideal her erschien es als Weg zum Aufgehobensein durch Eingebundenheit in das Ganze.

Beides zusammen, das praktische Interesse des Kaisertums wie die Konsequenzen konfuzianischer Gesinnung, brachte den Konfuzianismus zur Macht in einem längeren Prozeß des »Marsches durch die Institutionen« vom 2. Jahrhundert bis etwa in die 2. Hälfte des 1. Jahrhunderts v. Chr. Damit aber änderte sich der Konfuzianismus auch inhaltlich: Er öffnete sich in Richtung auf andere geistige Strömungen innerhalb der chinesischen Welt. Entsprechend den legitimatorischen Bedürfnissen der neuen Institution Kaisertum in einem Reich, das sich als Ökumene und als irdisches Pendant zum Himmel verstand, fand jetzt innerhalb des Konfuzianismus im Sinne der Gleichung Mensch – Himmel ein großer Systematisierungseffekt statt. Dabei war

es diese Gleichung, innerhalb derer sich das für die Han-
Zeit so charakteristische korrelative Denken ausprägte.

So wurden 360 Tage des Jahres mit den angeblich 360
Knochen des Menschen in Analogie gesetzt, die menschlichen Gefühle mit den Jahreszeiten; die Blutgefäße und die
Öffnungen des menschlichen Körpers wurden mit Flüssen
und Tälern verglichen, Augen und Ohren mit Sonne und
Mond, das Atmen mit dem Wind usw. Die Idee einer Inter-
aktion von Mensch und Himmel wird entwickelt, wobei der
Himmel als Träger der konfuzianischen Moralnormen erscheint. Bei menschlichem Fehlverhalten, so meinte man,
reagiert der Himmel strafend durch ungewöhnliche Naturphänomene, durch Trockenheit, Überschwemmungen, Epi-
demien und seltsame Ereignisse am Himmel. Sich richtig zu
verhalten war in diesem Zusammenhang ein Gebot, um die
Regularität der Naturereignisse wiederherzustellen.

Gleichzeitig erfolgt auch eine stärkere Systematisierung
sozialer Beziehungen – so etwa in Verbindung mit der Idee
von den »Drei Bindungen« *(san gang; san,* »drei«; *gang,*
»Schnur eines Fischernetzes«): den korrekten Beziehungen
zwischen Herrscher und Untertan, Vater und Sohn, Ehe-
mann und Ehefrau.

Unter dem Gesichtspunkt der Geschichte des Konfuzianismus ist interessant, wie jetzt die zentrale Rolle des Kaisers als »Sohn des Himmels« konfuzianisch hervorgehoben
wird. Er hat dem Befehl des Himmels zu folgen – so ver-
schmilzt sein Bild mit dem Ideal des konfuzianischen Weisen als eines Präzeptors des Menschengeschlechts. Die Bindung des Herrschers an den Himmel soll diesen im Gleis
der Norm und die Spontaneität der Macht unter Kontrolle
halten.

Der Widerspruch zwischen Sein und Sollen, Vision und
Realität, der bislang für den Konfuzianer ein äußerer Widerspruch war, mutiert nun zu einem innerkonfuzianischen,
in welchen sich jeder hineingestellt sah, der öffentlich politisch tätig war. Da der Konfuzianer den Imperativ zu sol-
chem Tätigsein in sich fühlte, sollte dieser Widerspruch auf

ganz neue Weise zum Bestandteil seines Lebens werden. Vor diesem Hintergrund war das Leben eines konfuzianischen Beamten namentlich im letzten Jahrtausend voll von Risiken und Frustrationen.

Die Vision ändert sich, wenn sie an die Macht kommt, und die Macht ihrerseits will – wie es besonders unter den beiden letzten Dynastien Ming und Qing demonstriert wurde – Alleingänge der Vision verhindern. Unter diesen Bedingungen war der Konfuzianismus des Kaiserreiches von innerer Spannung gekennzeichnet. Immer wieder wirkte der vom Ethos bestimmte Impuls zur Kritik an einer vom Ideal abfallenden Wirklichkeit. Konfuzianismus stellt sich auch damit als ein sehr komplexes und vielschichtiges Phänomen dar.

Dabei ist festzuhalten, daß der Konfuzianismus nach dem Ende der Han-Dynastie im Jahre 220 zunächst einmal für knapp vier Jahrhunderte aus der offiziellen politischen Kultur heraustrat: Er durchlebte jetzt eine Phase der Latenz und Verschattung in einem logischen Zusammenhang zur erneuten Aufspaltung des Reiches in eine Teilstaatenpluralität. Mit der zweiten Wiedervereinigung im Jahre 589 entstanden zunächst die politischen Bedingungen für den sukzessiven neuerlichen Aufstieg.

Schließlich trat er – in erster Linie im Staat und in der Elite-Kultur – als Neo-Konfuzianismus seinen Siegeszug an, wobei die geistigen Vorarbeiten dafür zwischen dem 9. und 12. Jahrhundert geleistet und durch den großen Zhu Xi (1130–1200) zu einem vorübergehenden Abschluß gebracht worden waren. Zugleich dehnte er seine Wirkungen auf ganz Ostasien aus. Innerhalb des Neo-Konfuzianismus wurde mit einer neuen Art von Stringenz die Einordnung des Einzelnen in das Ganze, nicht nur in die Gesellschaft, sondern letztendlich in das ganze große Universum, begründet. In Inhalt wie Funktion des Konfuzianismus erhielten die kohäsiven Züge einen neuen Charakter. Konzeptionell geschah dies durch die Entwicklung einer Onto-Ethik, in welcher jetzt die konfuzianischen Normen als

Qualitäten des Seins erscheinen. Daraus wurde die – in diesen Normen bestehende – wesensmäßige Identität aller Dinge abgeleitet, was schließlich in bezug auf den Menschen in einen unabweisbar erscheinenden Imperativ zu entsprechend integrierendem Verhalten mündete.

Die chinesischen Kaiser ihrerseits hatten in der Regel ein sehr pragmatisches Verhältnis zum Konfuzianismus; immer wieder wollten sie sich dem Moraldiktat durch die Spontaneität der Macht entziehen. Als Person hingen sie oft daoistischen und buddhistischen Vorstellungen an, weil es generell ganz zweckmäßig erschien, so viele Geister und Götter wie möglich günstig zu stimmen und für eigene Zwecke einzuspannen.

Einer solch pragmatischen Intention entsprach auch die bereits zur Han-Zeit einsetzende kultische Verehrung des Konfuzius und die Entwicklung des Konfuziuskultes als Instrument von Machtausübung. Immerhin war es schon der Begründer der Han-Dynastie, der als erster Kaiser am Grabe des Konfuzius opferte. Später befahl der Herrscher auf dem Drachenthron, dem Konfuzius viermal im Jahr zu opfern, und zwar jeweils ein Rind, ein Schaf und ein Schwein. Im Jahre 687 wurde angeordnet, in allen Städten des Reiches Konfuziustempel (Kong-miao) zu errichten.[15] Der Kong-miao von Qufu, dem Geburtsort des Konfuzius, sollte zum Muster aller anderen Konfuziustempel werden. Immer wichtiger wurde die Rolle des Konfuziuskultes innerhalb der politischen Kultur des chinesischen Kaiserreiches. Je größer der zeitliche Abstand zum historischen Konfuzius, desto größer die kultische Verehrung, »bis man den Schatten für die Person selbst, das Bild für die Wirklichkeit nahm«.[16]

Vor allem im letzten Jahrtausend diente diese Verehrung als Mittel kulturell-politischer Einheit und als Bestandteil

15 Biallas, S. 69.
16 Franke, S. 269.

kulturellen Selbstverständnisses. Dabei ließ sich durch das *sheng ren*-Ideal die Konfuzius-Verehrung, die strukturell dem Ahnenkult entspricht, selbst konfuzianisch-immanent rechtfertigen – Konfuzius wurde zum *sheng ren*, schließlich zur subjektiven Ausdrucksform der moralischen Substanz der Welt. Immer bombastischer wurden die postumen Ehrennamen, die man ihm verlieh. So nannte man ihn schließlich zur Zeit der letzten Dynastie Qing (1644–1911) »den großen vollendeten, höchstheiligen, Kultur und Bildung verbreitenden König«.[17] In einer Inschrift aus der Ming-Zeit (1368–1644) heißt es: »Ohne die Lehre des Kong-zi kann das Reich auch nicht einen Tag bestehen.«[18]

Treffend schrieb der Sinologe Otto Franke: »Was Wunder, wenn der Ruhm dieser hochstilisierten Größe, der nicht minder hell strahlte als der jener ebenso hochstilisierten Herrscher des Altertums, allmählich ins Ungemessene stieg, wenn man dem ›vollendeten Heiligen‹ Altäre und Tempel errichtete, die an Zahl, Größe und Pracht fast alle nationalen Heiligtümer übertrafen, wenn seine religiöse Verehrung einen immer wichtigeren Teil im staatlichen Kultus bildete, bis eine verängstigte Regierung im 20. Jahrhundert ihn selbst feierlich zum Gott erklärte! Das Ganze ist die Heiligsprechung eines Systems, das man als das konfuzianische bezeichnet, aber der geschichtliche Konfuzius hat wenig damit zu schaffen.«[19]

Der Konfuzianismus, der für die Heilung der Welt aufgebrochen war, hat ohne Zweifel seinen Anteil an der Blockade der chinesischen Gesellschaft – vor allem durch seine Abhängigkeit vom Staat, welche mit seinem eigenen konstitutionsbedingten Drang zu gestaltender Funktionalität verbunden war und die mit der Orientierung auf Integration in die Gemeinschaft, dem Sehnsuchtsbild der Vergangenheit sowie mit der Bewertung der Moral als ent-

---

17 Vgl. Biallas, S. 70 und 83.
18 Ebd., S. 72.
19 Franke, S. 269.

scheidendem Weltzugang historisch auf fatale Weise zusammenwirken sollte. Es gab namentlich während der beiden letzten Dynastien Ming und Qing eine Art retardierender Rückkoppelung mit anderen Kulturbestandteilen, wie Familie, Staat, Ahnenkult, sinozentrischem Weltbild, Orientierung auf Imitation statt Innovation, auf Integration statt Effizienz; jene Rückkoppelung hat dabei mitgewirkt, daß sich China beim Zusammenstoß mit dem Westen im Zustand ökonomischer Rückständigkeit und geistiger Entwaffnung fand.

Mit dem Untergang des chinesischen Kaiserreiches im Jahre 1911, dem Weg Chinas in eine demütigende Fremdbestimmung und mit grundlegenden sozialen Wandlungen entfielen die Existenzbedingungen des traditionellen Konfuzianismus. Bald begann – in der »Bewegung für neue Kultur« zwischen 1915 und 1925 – eine neue Intelligenz, die Frage nach den Ursachen für Chinas Schwäche zu stellen. Sie zeigte auf den Konfuzianismus, der nun für alle Rückständigkeit des Landes verantwortlich gemacht und als Bürde auf dem Weg in die Zukunft gebrandmarkt wurde. »Zerschlagt den Konfuzius-Laden« war ihre Losung; Konfuzius wurde als »ausgetrockneter Leichnam« verspottet, und »Verwestlichung« hieß nun das Zauberwort – der Bruch mit der konfuzianischen Tradition als Bedingung für Zukunftsgewinn.

Doch der Westen enttäuschte, und angesichts des Bildes, das er bot, setzte bereits Anfang der 20er Jahre – in einer parallelen Entwicklung zur Herausbildung des Sinokommunismus – eine Reorientierung auf die eigene geistige Tradition ein. Diese Entwicklung führte in den neuen Konfuzianismus der Gegenwart: Ziel ist die Verjüngung der chinesischen Kultur mit Hilfe westlicher Wissenschaft und Demokratie. Deren Keime werden allerdings in den Tiefen der eigenen Kultur diagnostiziert, so daß deren Entwicklung nicht als äußerer Zwang, sondern als Vollzug der inneren Logik der eigenen Kulturentwicklung verstanden wird.

Interpretiert wird dies als dritte große Syntheseleistung in der Geschichte des Konfuzianismus: Die erste bestand in der Rezeption von Konzepten anderer chinesischer Denkrichtungen und brachte den Konfuzianismus vor zwei Jahrtausenden an die Macht; die zweite vor nunmehr 1000 Jahren war geprägt durch die Aufnahme des indischen Buddhismus und führte zur Entstehung des Neo-Konfuzianismus; die dritte greift jetzt, nach weiteren 1000 Jahren, in Gestalt des Konfuzianismus der Gegenwart in die westliche Welt – drei Syntheseleistungen, die als konzentrische Kreise mit zunehmend größerem Durchmesser erscheinen. Und im Mittelpunkt steht niemand anderes als Konfuzius – Zentrum eines eigenen Modernemodells, als dessen normgebende Dimension, wobei die Entwicklung der Wirtschaftspotentiale Ostasiens die bedrückende Vorstellung einer Identität von Modernisierung und Verwestlichung auflöst. Dieses Modernemodell wird universalisiert als Angebot an den modernen Menschen, zu sich zu finden, zu einem Leben in sozialer Harmonie und in Einklang mit der Natur – Aufforderung zum interkulturellen Wertedialog.

Dabei wird weltweit diskutiert, inwieweit gegenwärtig unter veränderten sozialen Rahmenbedingungen konfuzianische Sekundärtugenden – wie Fleiß, Sparsamkeit, Familiensinn, Verpflichtung gegenüber der sozialen Gruppe, Vertrauenswürdigkeit – eine spezifische Form moderner Wirtschaftskultur mit konstituieren, welche als Triebkraft des ökonomischen Aufschwungs in Ostasien wirkt. Im Sinne einer solch neuen Perspektive gilt Konfuzius heute auch in der Volksrepublik China – nach den antikonfuzianischen Ausfällen der Vergangenheit – als »Stolz der chinesischen Nation«. Hier wird wiederum begonnen, in Anknüpfung an die Tradition den 28. September, den vermeintlichen Geburtstag des Konfuzius, als Tag des Lehrers zu feiern.

Inhalt